5歳からはじめる

自己表現力をのばす

「単語」作文トレーニング

著

東京こども教育センター教室 代表

シングルエイジ教育研究会(SAE) 会長

水野美保

解説

板倉弘幸

学芸みらい社

GAKUGEI MIRAISHA

はじめに

「これから作文を書きます。」と先生が言ったとき、子どもたちのリアクションは、たいてい、「え〜っ！」というブーイング。その後、クラスはざわざわし、嫌がっている空気が、教室中に立ち込めるのがほとんどだと思います。

その理由は何でしょう。

私が運営する東京こども教育センター教室は、１９６７年に設立されました。以来、人間としての土台作りは幼児期と考え、幼児から小学3年生までのシングルエイジ教育を推し進めています。

特に、「『書く』ことを通して、心と学力の土台を作る」を柱とし、教材開発、教室運営、園（幼稚園・保育園など）への研修活動などを行っています。

また、「書く」活動を普及させるため、「朝日全国幼児作品コンクール」を、朝日新聞社出版局（現 朝日新聞出版）と１９８２年より30年にわたって共催してまいりました。１９９０年代には、「朝日全国小学生低学年作品コンクール」や、「全国幼児俳句コンクール」なども主催しました。その後、幼児から小学校3年生までを対象にした、「ＳＡＥ（シングルエイジエデュケーション）きらら作品コンクール」を続けています。

今から20年ほど前、当社が運営する教室の年中児を対象に、「絵日記・日記書きが嫌いな子、苦手な子集まれ」というイベントを行いました。

当社では、2歳からの日記書きを実践しています。「教室に通う」ということは、イコール「毎日、日記を書く」ということです。

しかし、「実は、毎週日記帳を提出するのがつらいなあ」と思っている保護者がいらっしゃると感じていました。

そこで、先のイベントを行ったのですが、予想以上に参加者が多く、50人ほどになりました。

このイベントを前に、私は、「なぜ、子どもたちは日記書きが嫌いなのか」を考えました。

そして、その理由を次の3つと考えました。

> **1** 見た目が地味で、やる気が出ない。
> **2** やること（＝書くこと）がわからない。
> **3** 達成感がない。

これらを解決することを考えました。

まず、**1** です。日常的に目にする絵日記帳も、日記帳も、白い紙の上にマス目があるだけです。確かにどう見ても、ワクワクしません。

そこで、ノートに書かせるのではなく、カラー用紙にマス目を印刷しました。白・水色・黄色・桃色の4色です。

白を「ごはんにっき」、水色を「おでかけにっき」、黄色を「どくしょにっき」、桃色を「ともだちにっき」としました。どれを選ぶかは、子どもが自分で決められます。

次に**2**と**3**です。これは2つを合わせて考えました。

子どもが、「何を書くの?」「書き方がわからない」と考えて嫌にならないうちに、すぐ書けるようにしました。4色の用紙に質問事項を書き、それに答えるような形です。これなら、誰でもすぐに、「書けた!」となります。

跳び箱や水泳であれば、頑張った本人自身が、「やった! できた!」という達成感を感じやすいのですが、日記は書き上げても、あまり満足感は得られないようです。

以上のことから、「あっという間に書けた!」というスピード感と、

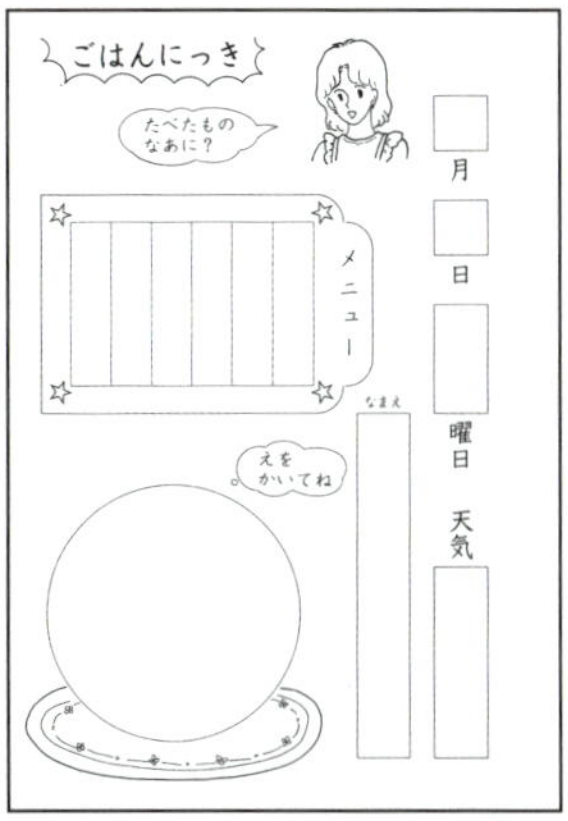

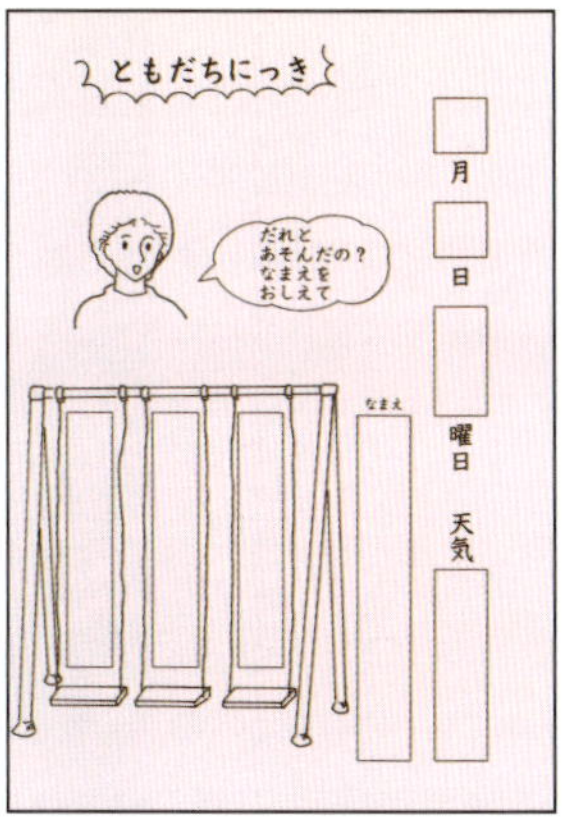

「1人で書けた!」という達成感をもてるようにしました。

イベントは、思った以上にうまくいきました。

子どもたちは、カラー用紙を選ぶときにワクワクしていました。そして、あっという間に書き上げました。

「もう書けたの? すごいね。」と褒めると、また笑顔。そして、子どものほうから、「先生、もう1枚書いていい?」と聞いてきます。

「えっ、もういいんじゃない? 1枚書き上げたじゃない。」と言うと、「もう1枚書きたい。書かせて!」と信じられないことを言います。

結局、4色の日記を全部書いてしまった子も、たくさんいました。

この経験を通して、作文指導で重要なことについて、確信を得たことがあります。

❶「完成された作文」を最初から求めず、子どもが嫌がる原因を取り除き、書くことが苦にならないようにすること
❷できるだけ楽しい活動になるよう工夫すること

作文を書くときには、この2つが非常に大切です。

小学校での作文指導の時間は、それほど多くはないかもしれません。しかし、そのわずかな時間に本書を活用し、子どもたちに「文章を書く楽しさ」を教えていただければと思います。

また、ご家庭でも、本書を利用し、子どもが楽しく日記を書けるようになることを願っています。

目次

作文教材は、第3〜5章で指導法を紹介している21種類と、原稿用紙です。小さな文字を書くのが苦手な子には、A4サイズに拡大コピーして使ってください。

この本の見方

手順

学習の流れです。

教材紙面

巻末の作文教材に、子どもが書き込んだ状態を示しています。
黒…なぞり書きをする部分
青…子どもが自分で考えて書く部分

ここをwatch!

指導したときの子どもの反応の見方について解説しています。

バージョンアップ

この教材を使った展開例や、【応用編】として類似の教材例を紹介しています。書くことが得意な子どもに、実践してみるとよいでしょう。

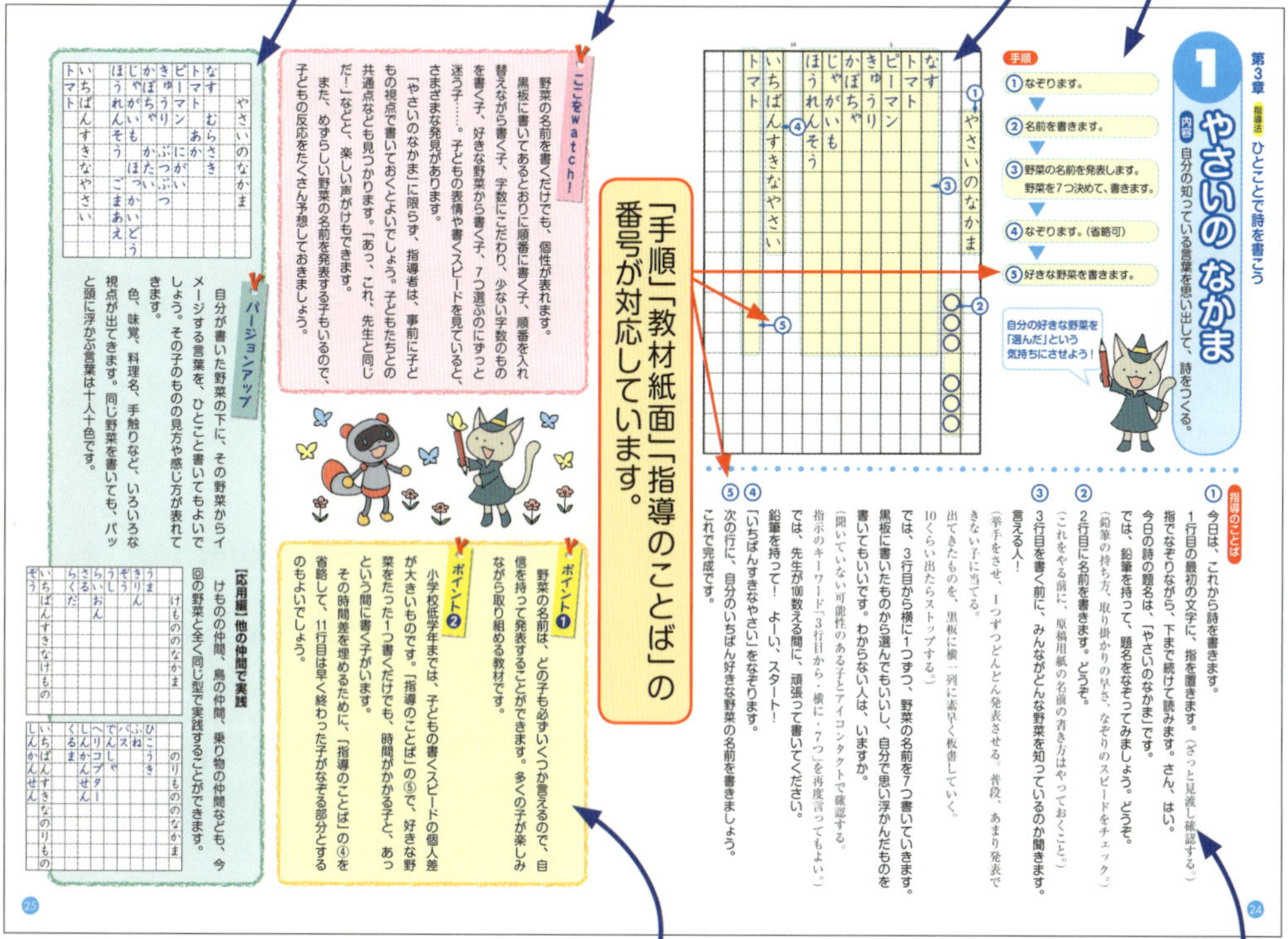

「手順」「教材紙面」「指導のことば」の番号が対応しています。

指導のことば

指導者の指示や問いかけを紹介しています。
（　）は、指導者の行動や補足、子どもの反応例などを示しています。

★は、時間に余裕があるときに指導してみましょう。

ポイント

指導のときに注意することや補足的に説明するとよいことなどを示しています。

作文のコツ

作文を書くときに、知っておくと便利な方法や内容を紹介しています。

解説　――初めて出逢った画期的な作文トレーニング――

台東区立大正小学校　板倉 弘幸

私は、かつて小学生の作文教材や幼児向けの教材の開発をTOSS向山洋一氏と手がけてきました。当時記録した作文教材開発のための文献リストには、150冊を超える書名が列挙されています。ありとあらゆるという感じで、身の丈ほどの類書を読みました。

そんな私でも、本書は、これまでにない、全く新しい画期的な作文実習本だと思います。

本書は、机上の作文理論をもとに編集されたのではありません。半世紀にわたり、幼児教育に真摯に打ち込んできた、東京こども教育センター教室（以下、センター）の絶え間なき実践の結晶といってよいでしょう。

まず、水野美保氏と向山氏との出逢いについて触れさせてください。水野氏は、実は、向山氏が認めた最初の3人の弟子の1人でした。ですが、ご自身が学校の教員でないことを理由に辞退されました。今、何百人という弟子が向山氏にはいますが、そのずっと前から、水野氏はセンター創立者水野茂一氏を介して、向山実践に多くを学んでいました。

また、昭和から平成に時代が変わる頃には、2人が中心となり、幼児向けの教材開発の研究会を立ち上げました。私もその研究会の一員として、数多くの資料を調べ、研鑽を積みました。そのときに知り得たのが、センターの教材の素晴らしさでした。

例えば、『さくぶんれんしゅう帳』五集セットという教材です。第一集から五集までを、2歳児から5・6歳児を対象にした内容に構成しています。第一集は線や点描、二集は単語、三集は五十音、四・五集は文や文章の視写と、きめ細かく練習内容が細分化されていました。全部で1500枚近くにもなります。

これらの教材は、ただ幼児に使わせるのではありません。いちばんの目的は、このシートを介して、親子で楽しい会話をもつことなのです。例えば、第一集の使用法には、次のような解説があります。

> りんごの絵を塗ったあとに、お母さんが『真っ赤でおいしそうだね。一緒に食べてみようか。真ん中で切って半分ずつ。ああ、おいしい。ご馳走様、あしたもまたやろうね。』などの言葉がけをしてください。

このような配慮を保護者にお願いしています。単に作業をさせるのではなく、親子の関わりを重視するからこそ、本書に取り上げられたような、素敵な作品が生まれたのではないでしょうか。

このような教材は、どのような手立てで作られるのでしょうか。以下、本書の優れた内容と照らして述べてみます。

まず、第1章で、作文を書く価値をきちんと示しています。成長した教え子、角野さんの作文を例に、「書くことは『感じる力・考える力』を育てることにつながる」と主張していると、私は受け止めました。そのためには「よく見る」ことが必要だとも、角野さんは書いています。

これは、まさにそのとおりで、私たち教師が学級通信を書くときも、クラスの子どもたちの様子をしっかりと見ることによって、読み手を引き付ける描写文を書くことができるのです。

また、子どもたちに「書く力を育てたい」と、教師なら誰でも願っているはずです。作文指導は、何から手がければよいのでしょうか。その手立ては、どのようにすればよいのでしょうか。

　本書の「はじめに」では、基本原則として、①書くことを嫌がる原因を取り除くこと　②楽しい活動を工夫すること　と述べています。

　本書の教材も、書く量を多くしすぎず、子どもが学習を選ぶ機会を含めさせ……と、単なる原稿用紙のマスを埋めていく作業に比べたら、どれほど楽しくできるかわかりません。子どもは、間違いなく、書く意欲を向上させるはずです。

　第2章「作文前のストレッチ」での字形練習は、センターの実践の素晴らしさを実証するのに十分な事例です。

　次の3つの書字と年齢との関係は、想像もつきませんでした。


次の文字を書いた子の学年を当ててみてください。(18ページ)

ア

イ

ウ
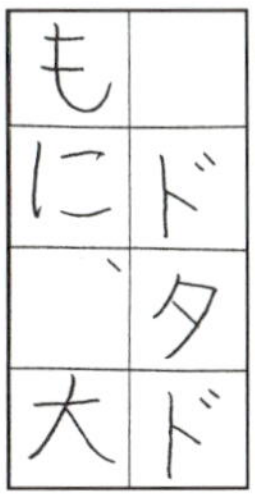

でも、これが事実なのです。センターの教室で創りだされた、紛れもない実践です。
　また、幼児が上手く書けない字を集めて、「お・や・ま・の・い・え」「み・か・ん・よ」と語呂で表現しています。その文字を記憶し、子どもに意識させることができます。指導する立場であれば、なおさらこうした工夫を取り入れるべきです。

　第3章から第5章までの「指導法」は、きちんと段階が踏まれています。まず、書きやすい内容（ひとこと）から学びます。「単語」作文のスタートです。次に、表記上の注意を盛り込んで詩文を作ります。そして、多彩なテーマを取り上げた作文例を紹介していきながら、「書くことの楽しさ」に誘っているのが特長です。

　指導法の各章では、「見本、手順、指導のことば、ここをｗａｔｃｈ！、ポイント、バージョンアップ」と配置され、無理なく「よりよい作文」へと自然と導かれるようになっています。実習だけでなく、「なぜそうするのか」という根拠も示されています。ユニットの最後に、発展形まで用意されているわけですから、もうかゆいところにまで手が届く、至れり尽くせりの作文実習本といってよいでしょう。

　第4章は、てっきり、表記や文法的な内容のきまりごとを確認するところだと予想していました。ところが、作文のきまりを取り上げながらも、詩文を作成して、作品にまで仕上げているのです。このような、作文の書かせ方があることを初めて知りました。「朝日全国幼児作品コンクール」等で、長年培ってこられた創意と工夫の賜物なのでしょう。

　第6章や「おわりに」では、子どもの作品が数編紹介されています。水野氏が、なぜこれまで長年幼児から低学年の作文指導に携わってきたのかが、ここを読むと、その一端がわかる気がします。作文を書くことのいちばんの根本が、ここにあるのだということを、水野氏は説明ではなく、子どもの作文の事実で示していると思えてなりません。

　このページは、ぜひ最後に、期待してお読みください。本書に出逢えたことの喜びと幸運を実感することができるはずです。

　最後に、本書が多くの人々の手に行き渡り、教育改革を支えるにふさわしい作文指導が発展することを願っています。

なぜ作文を書くのか？

作文が嫌いな子どもたち

子どもたちの多くは、作文が嫌いです。子どもたちは、作文をどう捉えているのでしょう。

それが知りたくて、小学校3年生に次のテーマで作文を書かせてみました。

まずは、そのときの作文を読んでみてください。1人の女の子が書いたものです。

文章は書く必要があるか

わたしは、文章は、書く必要がないと思います。その理由は、三つあります。

まず、第一の理由は、自分が書いた文章を人に読まれると、とてもはずかしいからです。たとえば、自分が思っていることを書いて、お友達に、

「そんなこと思ってんの。」

と言われてしまったら、とてもはずかしいからです。

第二の理由は、めんどうくさいからです。なぜかというと、書いて、直されると、だんだんやる気がなくなってくるからです。

たとえば、母に、作文を見てもらうと、「もう少しくわしく。」とか、「もう少し、話をふくらませて。」などといろいろ言われると、「はいはい、どうせわたしは、上手になんか書けませんよ～。」とひらき直ってしまいます。

第三の理由は、作文などを書いていると、手がいたくなってしまうからです。一枚ちょっとの今でも、手が、「いたいよ～。」と言っているにちがいありません。わたしは、手がかわいそうだから、あまり作文などは好きではありません。

でも、ぜったい書きたくない、というわけでもないんです。なぜかというと、大人になって、昔の作文などとくらべて、自分の成長を見たり、日記を書いていて、自分自身がどんな人間なのかがわかったりするからです。

それから、もう一つあります。それは、手紙を書くことです。手紙は、人に自分のことを教えられるので、なくなってほしくないです。

最後に、文章は必要かどうかと言われたら、五十一パーセントは必要なくて、四十九パーセントは、「ある」と答えるようにします。

この作文を書いたのは、当教室の「ハイレベル作文」という講座に通う子どもでした。

「自転車は歩道を走るべきか、車道を走るべきか」「学校6・3制に反対か、賛成か」など、毎回作文のテーマを出し、それに対して自分

の意見を書く講座でした。ほぼ月1回行われていました。

参加している子どもたちのほとんどが、幼児期から日記を書いていて、書くことには慣れています。

また、「ハイレベル」講座ですから、一定のレベル以上の子どもたちです。

12名ほどのクラスでしたが、「書く必要がある」と書いたのはたった3人でした。

その3人が共通して書いていたのは、「大きくなったときに読むと、子どもの頃のことが思い出せる」でした。「書く必要がない」と書いた子も、これは「書くことのメリット」としてあげていました。

幼児期から日記を書いてきて、たまに親子で日記を読み返し、「あんなことがあった」「こんなことがあった」と思い出話に花が咲く経験から出てきたものなのでしょう。

一方、「書く必要がない」と主張した子どもたちの理由は、ほぼ同じでした。

・手が疲れる。
・手が汚れる。
・面倒くさい。
・時間がかかる。

これらは、「書く必要がない」の理由ではなく、「書くことが嫌いな理由」のように思えます。

「自分で自分の思いを書くことには、どのような意味があるのか」を考えてほしかったのですが、3年生には難しかったようです。

ただ、「日記を書いていて、自分自身がどんな人間なのかがわかったりする」と書かれているので、子どもながらに何となく、「書くよさ」について理解していることがあるのかもしれません。

作文の価値とは?

作文がある程度書ける子にとっても、面倒で嫌な作文。まして、書けない子にとっては、本当に嫌な存在でしょう。

また、保護者の方々も、作文や感想文の宿題には、ほとほと手を焼いていらっしゃるようです。

さらに、指導者にとっても、作文は他の内容を教えるよりも大変です。なぜなら、その子の中に眠っている「考え」「感じたこと」を引き出し、文章としてまとめさせなければならないからです。

原稿用紙の使い方や、文法的なルールは教えることができますが、その子の内面は、子ども自身が表出してくれない限り、作文にはなりません。一対一で話していかないと、手が止まってしまう子もいます。時間もかかります。ともすると、作文は、他の学習の脇に追いやられてしまう可能性があります。

では、子どもや保護者、そして指導者にとってさえも大変な「作文」は、どんな価値があるのでしょう。

その答えは、低年齢から作文を書き続けてきた子どもが教えてくれました。

平成元年、第8回朝日全国幼児作品コンクールで金賞を受賞した角野愛さんが、コンクール25周年（平成18年）を記念した『きらら w

ｉｔｈ ＳＡＥ』誌※の特集に、次の文章を寄稿してくださいました。
（＊毎年、コンクールの入賞作品が掲載される月刊誌）

書くということ

大学生　角野　愛

初めて書いた自分の詩のことを、よく覚えています。

母が、アイロンをかける姿を描写したものでした。

母はよく私の机の後ろにきっちりと正座して、父のＹシャツや私のハンカチにアイロンをかけていました。当時幼稚園児だった私は、椅子に座り、母の手元を見つめながら、色々なことを話しかけました。そんな私の言葉にいちいち返答しつつも、母の手元は少しも狂うことはありませんでした。干した洗濯物から湯気が立つような寒い日も、あごの先からポタポタ汗の落ちるような暑い日も、母はアイロンをかけ続けていました。そんな母の姿を、私は短い文章にして表現したのです。

その詩を読んで、母はとても喜んでくれました。使っている言葉はごく簡単なもので、拙い作品だったのですが、にこにこして何度もそれを読んでいました。それ以来、私は父や母の喜ぶ顔が嬉しくて、文章を書くようになりました。

詩や作文を書くようになって、気づいたことがあります。それは、何かを書くということは、それをよく見ることで、感じることだということ、そしてその感じたことを的確に表現するには、多くの言葉のストックが必要だということです。

何かを書こうと思ったら、それについての情報が必要です。その情報を得るのに、最も手っ取り早い方法が、「見る」という行為です。しかし、書きたいと思ったことについて、必ずしも充分に見る時間が与えられるとは限りません。ひょっとしたら一瞬かもしれないそのときを逃がさない様に、私はいつもきょろきょろしていたように思います。また、そのことに興味を持って、よく見ようとすると、必ず今まで見えていなかった部分が見えてくるようになります。それらの発見からは、それまでよりもさらに多くのことを感じることができます。そしてそれらを表現しようと思ったとき、そのときの感情にぴったりの言葉が選べるかどうかで、書く楽しさが決まるのです。

身の回りに、誰かの言葉に、自らの内に、新たな発見をし、それについて感じたことを表現できたときの爽快感！　それが、読んだ人に過たず伝わり、それによってその人の中にも新たな感情が生まれたときの喜び！　文章を書くって素晴らしい！

今、書くということの入り口に立っている皆さん。どうか色々なことに興味を持って、常にあなたの眼を開いていてください。その眼を様々なものに、時には自分の内側にも向けてください。そして湧き上がった感情を自分のものにするために、たくさんの言葉を溜め込んでください。本を読むことで、お父様やお母様や、お友達と、たくさんお話しをすることで、あなたの中に言葉は降り積もります。その中から、自分の気持ちに最も適した言葉を選んで、表現してください。

それが書くということです。

左は、角野さんが金賞を受賞した作品です。

あいろんかけ

角野　愛　５歳（年中）

あっつくて　あったかいにおいが
してきました。

うしろをみると、
おかあさんがあいろんかけをしていました。
ちいさいこえでうたをうたっています。
あいろんはうたにあわせて、
すけーとのようにすべります。
わたしのはんかちの、しわくちゃがのびて、
おりがみのようになりました。
おかあさんのおりたたんだあしのあいだから、
あせのたまが、ぷくっとでてきて
つーとながれました。

幼児期から文字に親しみ、日記や作文を書いてきた子が成人となり、「書く」ということを改めて見つめて、書いてくれた文章。

この文章を読み、改めて、

「書くことは素晴らしい。書くことには価値がある。」

と思わずにはいられませんでした。

自分が日常の中で発見したこと、驚きや感動、喜びや悲しみなどの多様な感情を、今の時代はネット上にそのままぶつけています。自分自身と向かい合わず、人を傷つけることも気にしないで勝手に言い放つだけでは、瞬間的に自分のストレスを発散させたにすぎず、問題の解決にはなりません。

うまい下手ではなく、自分の思いをきちんと文字にできる力。

そして、自分やまわりをしっかり見つめ、現状を分析し、考えたことを的確に作文にする力。

これらは、一朝一夕には身につきません。

ものごとを敏感に感じ取り、吸収力抜群の幼児期から、文字を使った表現に親しむことが、書く力を育てる第一歩です。

ＩＴ化がますます進む現代だからこそ、非常に必要な力だと感じています。

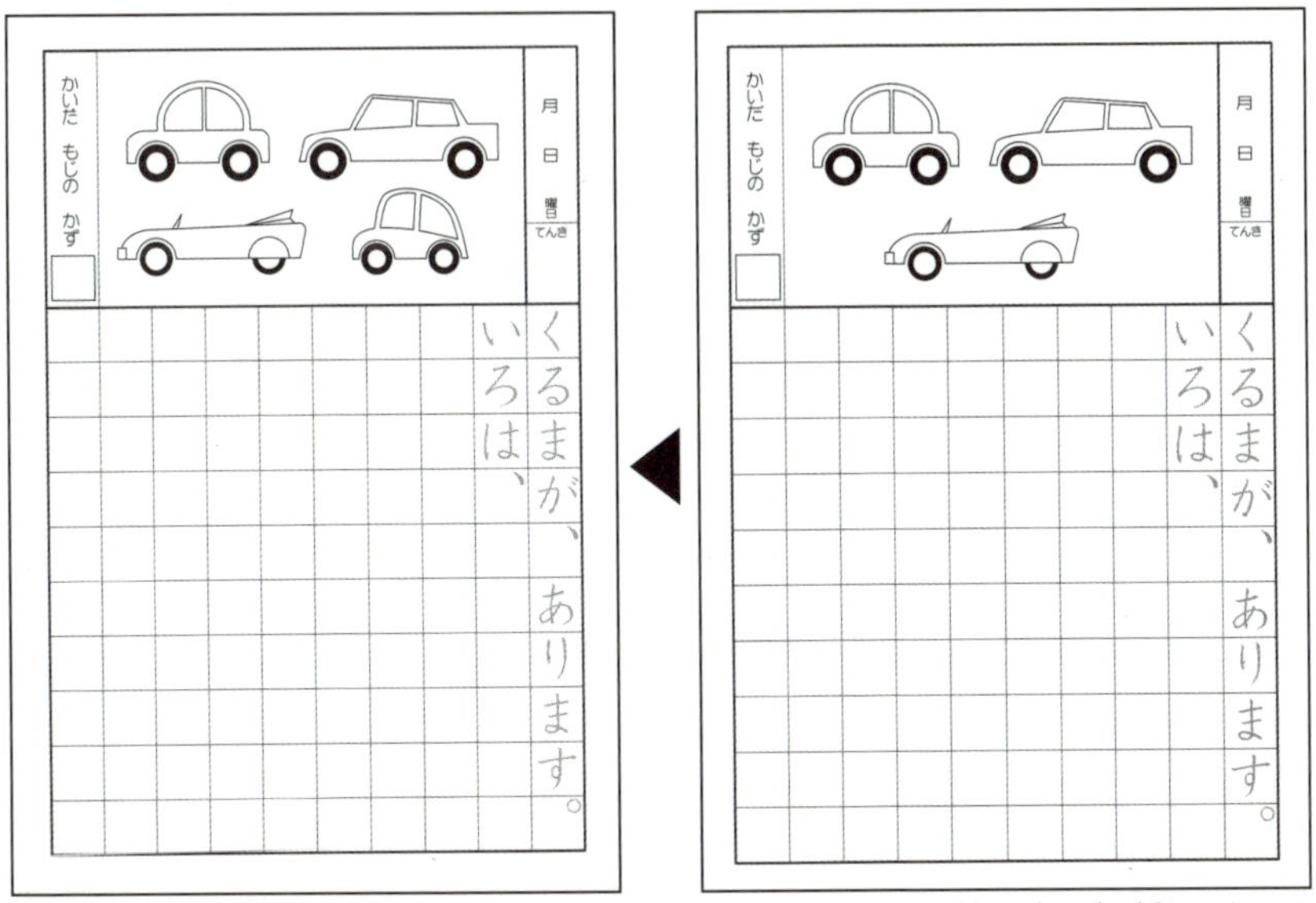

▲東京こども教育センター教室作成の「にこにこえにっき　①車」の一部。ジャバラ折りになっており、両面で７回、ほぼ同型の作文を書く。
「読む→なぞる→車に自由に色を塗る→塗った色を作文に書く→読む」を繰り返す。車の数が１台ずつ増えるので、子どもが書く字数も増える。パターン化しているが、車の色塗りの部分は自由さがあり、なぞり書きを繰り返すうちに、筆速もついてくる。
さらに書ける子は、「○○と△△へ行きたい。」など、続きの文を書く学習に発展することができる。

鉛筆の持ち方、筆順、字形の指導

作文を書くためには、当然ながら、文字が書けなくてはなりません。それも、ある程度の筆速が必要です。

長い間、幼児に文字指導を行ううちに、気がついたことがあります。

・一度に複数のことを要求してはいけない。
・文字をなぞるだけでは、字形を整えられるようにならない。

ということです。

幼児期に文字指導をしている園では、鉛筆の持ち方、筆順、字形を先生が教えています。また、書店に並ぶ幼児用の文字教材を見ても、これらは必ずおさえられているので、家庭で保護者と練習している子にも伝わっているはずです。

しかし、現実には、正しく鉛筆を持っている子は、数えるほどしかいません。小学生でも、正しい持ち方の子は、5人に1人くらいではないでしょうか。

また、幼児の場合、筆順を間違えやすい文字が、ひらがなでもいくつかあります。

さらに、字形に関しては、文字をなぞるのは上手でも、1人で書くと、バランスよく書くことができない子が多く見られます。

なぜ、「鉛筆の持ち方」「筆順」「字形」などが、身についていないのでしょうか。

実は、この3つを同時に意識し、注意を払って書くことは、幼児にとって非常に難しいのです。「二兎を追う者は一兎をも得ず」なのに、「三兎」を追っては、どれも中途半端になります。これらは、一つ一つ、着実に習得するほうが効果的です。

通常、ひらがなを教えるときは、

①鉛筆の持ち方の指導
←
②鉛筆で線描き遊び、線の練習
←
③「イチ、ニ」など、筆順を唱えながら、文字のなぞり書き
←
④ものの名称のなぞり書き

という指導順になります。

そして、この一つ一つを、丁寧に行うことが重要です。

文字の練習（右の③）のときに、鉛筆の持ち方などをあれこれ言うよりも、順を追って練習を進めるほうが、最終的に整った文字が早く

書けるようになります。
「急がば回れ」。
基礎基本を大事にしましょう。

1 鉛筆の「逆さ持ち」で「ポーズ」の定着

幼児は、最初にクレヨンなどで、ぐるぐる描きや色塗りをはじめることが多いです。そのため、力が入る持ち方は、全部の指でつかむ「握り持ち」になります。

幼児がクレヨンの「握り持ち」をやめ、鉛筆の正しい持ち方に変え、線を書くのは、実に大変なことです。

鉛筆は、2本の指で挟み、残り3本で支えるのが、正しい持ち方です。幼児は指先の力が弱いため、鉛筆を挟んで持つのでは、なかなか力が入りません。

そのため、持つことはできても、いざ書き出すと、すぐ「握り持ち」に変わってしまうのです。

私は、今、鉛筆の正しい持ち方の練習となるように、園の先生方には、「逆さ持ち」で「ポーズ」をとる指導を勧めています。ここでの鉛筆は、削っていない新品のものでも構いません。

鉛筆で文字をなぞると、当然ながら書いた跡が残ります。はみ出して、線がフラフラした結果を自分で見ることになります。

子どもながらに、「うまく書けていない」と思うと、「上手に書きたい」という思いからか、自分がいちばん力を入れられる持ち方に変えてしまうのです。

正しい持ち方を定着させるためには、一定時間正しい状態を続けることが必要です。鉛筆を持ったら、自然にその形になるくらい、持ち方に慣れさせます。

「書く」ことを目的とせず、「持つ」ことを目的にするのです。

そのために、鉛筆を逆さまに持ち（＝逆さ持ち）、芯が紙に触れない状態にします。ここで、「何があっても、持ち方は変えてはいけません」「鉛筆を使うときは、これが『ポーズ』です」と子どもに教えます。

そして、次のような練習をさせます。

> ①「鉛筆ポーズ」と指導者に言われたら、鉛筆を正しい持ち方で持つ。
>
> ↓
>
> ②五十音表を机の上に置き、先生が言った文字を鉛筆で指す。そのときも、「ポーズ」（正しい持ち方）を保つようにする。

これにある程度慣れてきたら、正しい持ち方を維持したまま、文字をなぞります。「逆さ持ち」なので、書いた跡が残らず、多少ずれても気になりません。

そして、この「ポーズ」で正しい持ち方を定着させながら、筆順を学習していきます。

文字を指すだけなら正しく持てていても、文字をなぞりはじめると、つい自分が書きやすい持ち方に変わってしまう子もいます。

例えば、「あ」「の」のような回転のある線、「か」「や」などの斜めの線は難しいので、正しい持ち方が維持できているか、注意して見るようにしましょう。

文字のなぞり書きに入って、鉛筆の持ち方が崩れる子は、この持ち方の練習が少なく、また、次の「線描き遊び（線の練習）」が足りないように思います。

2 線の練習とコントロール

文字を上手に書くためには、線をコントロールして書けるようになることが必要です。自分が考えたように、線をカーブさせたり、ストップさせたりできないと、きれいな文字は書けません。

線の練習では、「直線（縦線・横線・斜線）」と「丸」を書きます。次のように、ノートのマス目を利用すると、簡単に練習することができます。

(1) 縦線

まず、縦線は、ノートのマス目の一辺を、1つ飛ばしでなぞります。角で「ピタッ」と止めるようにします。

次は、マス目の真ん中に、同じく1つ飛ばしで、縦線を書いていきます。

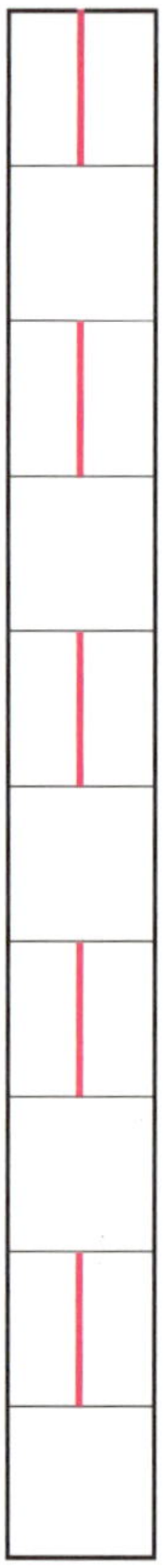

「ま」や「よ」などのひらがなの縦棒は、ちょうどマス目の真ん中にまっすぐ入ります。この練習は、のちにマスの中心を意識することへつながります。

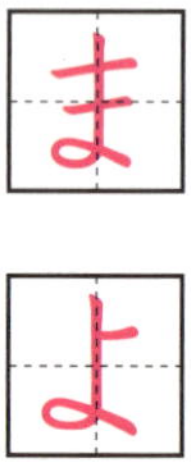

(2) 横線

横線の練習も、縦線と同じように、まずマス目の横の一辺を、なぞります。続いて、マス目の真ん中に横線を入れていきます。

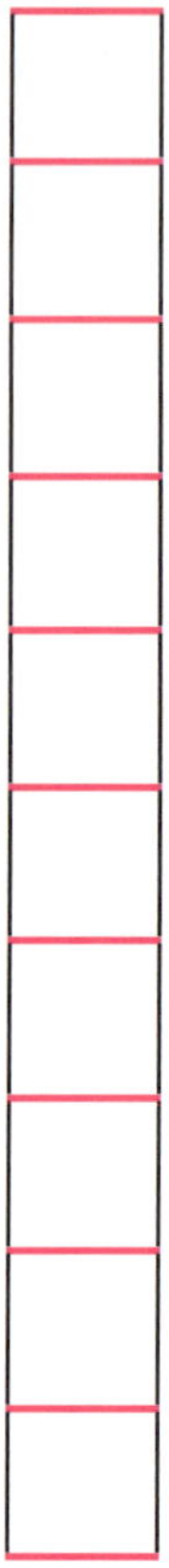

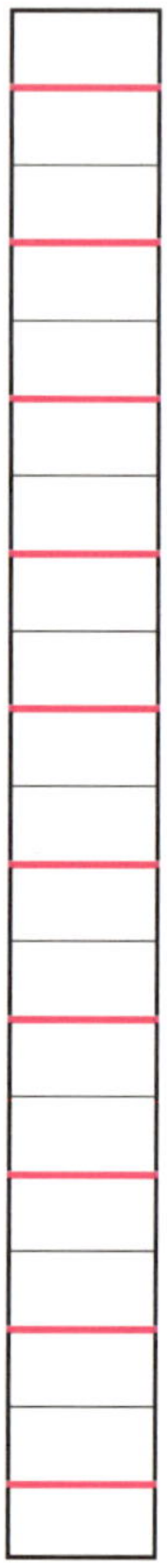

(3) 斜めの線

いちばん難しいのは、斜めの線です。特に、手前に引く斜めの線（＼）は難しいです。そのため、多くの幼児の「や」の字は、下のようになってしまいます。

斜めの線の練習は、マス目に×を書いて行います。
マス目の角から角へ斜めに引き、角できちんと止めましょう。

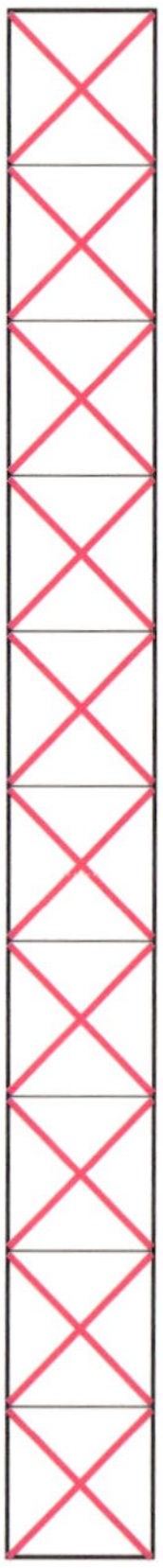

「イチ、ニ、イチ、ニ」とリズミカルに書けるようになれば、直線は合格です。

(4) 丸

次に丸を書く練習です。マス目の各辺にぶつかるように丸を書きます。これで回転を学びます。

マスの中央下から書きはじめ、「カチッ」と丸をしっかり閉じる習慣をつけます。

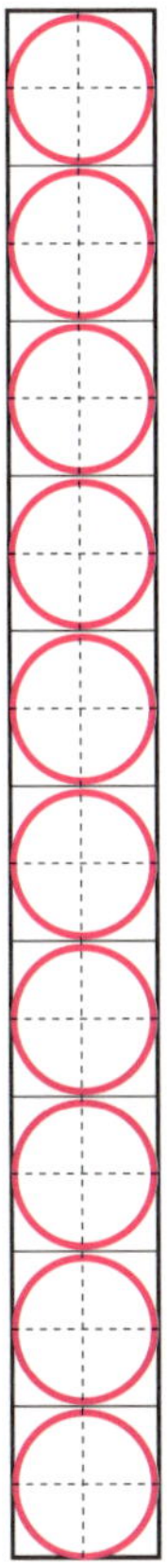

丸がきれいに書ければ、「あ・お・の」などの曲がりの線が、上手に膨らませて書けるようになります。

ここまでの (1)縦（線上・真ん中）(2)横（線上・真ん中）(3)斜め(4)丸 を書く練習を、幼児期は毎日ノートに1行ずつ行います。

2週間くらい練習すると、子どもの中に、「真ん中まっすぐ」や「斜め」など、線の方向の意識が芽生えます。(同時に、それを表現する言葉もマスターしていきます。)

線の練習は、文字を書くことへつながる重要な学びです。

3 筆順定着にはクイズ

正しい筆順は、すぐに身につくものではありません。指導者が正しい筆順で黒板に文字を書いたからといって、子どもたちに定着するものではないからです。

もちろん、子どもが黒板を見ていない場合もありますが、見ていたとしても、そのとおりに書かないことがあります。

幼児の筆順の間違いには、いくつかの理由があるように感じます。

① 点のような部分を最後に書く。
② 横棒を書くときに、順番が混乱する。
③ 興味が持てる部分から書く。

(1) 点のような部分

五十音を学習する順番にもよりますが、「お」「か」「む」などの筆順を覚えると、子どもは「点＝最後」と考えてしまうようです。

その後に「な」「や」「ら」を勉強すると、点を最後に書いてしまいがちです。

▶点が最後

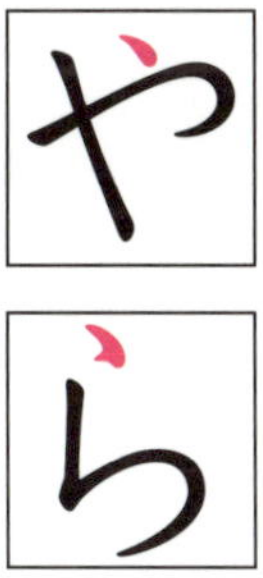

▶点が最後ではない

(2) 横棒

「ほ」「ま」などのあとに「も」を学習すると、横棒を先に書いてしまう傾向があります。

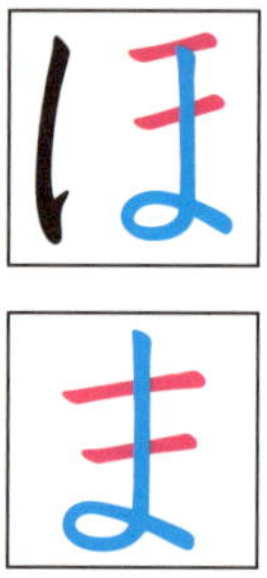

▶横棒が先

▶横棒が後

また、「あ」「お」のような、1筆目が横棒という筆順がインプットされると、「は」でも右側の横棒から書き、最後に左の縦棒を書く子が現れます。

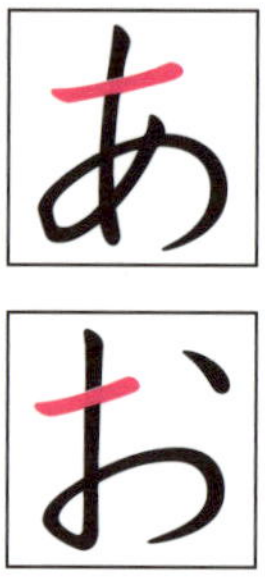

▶横棒が1筆目

▶横棒は1筆目ではない

いずれにしても、さまざまな文字の筆順が、入り混じってしまう様子が見受けられます。子どもたちの頭の中は、やや混乱しているのでしょう。

(3) 興味の持てる部分

幼児の場合、文字全体を一つの形として見ているようで、心惹かれる部分から書く子がいます。

直線はあまり面白くないようで、「カーブ」や「結び」がある部分を先に書いてしまいます。

以上のような状態なので、子どもに正しい筆順を定着させるのは簡単ではありません。指導者から指示された番号順に文字をなぞれたとしても、定着するかどうかは別問題なのです。

何より、子ども自身に、「筆順を覚えよう！」という意識がなければ、指示も説明も右から左に流れていきます。

子どもがワクワクして、筆順に注目するようになることが必要です。

次のようなクイズ形式で指導すると、自然に筆順に目が行くようになります。

筆順クイズ 「や」の例

①黒板に、右側に1、左側に2と書く。

②「今から、『や』の字を書きます。
正しい書き順は、1、2のどちらでしょう。
1だと思ったら指1本、2だと思ったら指をV《ブイ》にして、右手を挙げます。」

③「まず、先生の書き順を、しっかり見ていてください。
そして、先生が、『どっち?』と聞いたら、

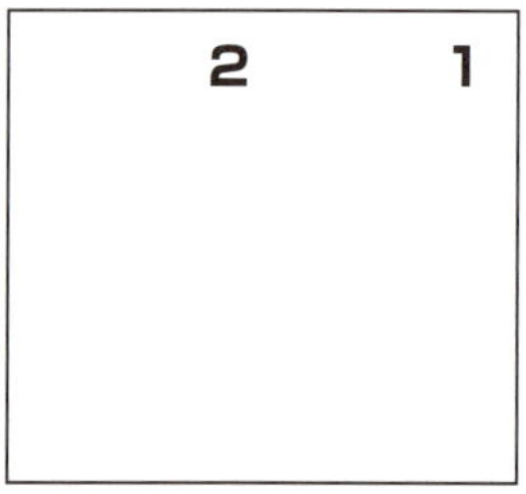

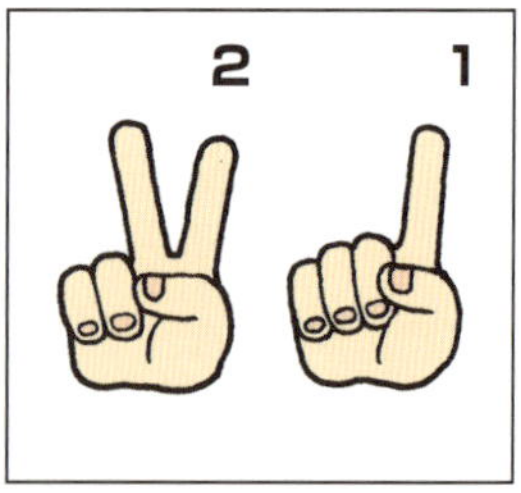

素早く手を挙げます。
では、スタートします。」

④黒板に、正しい筆順と間違った筆順で「や」を書く。

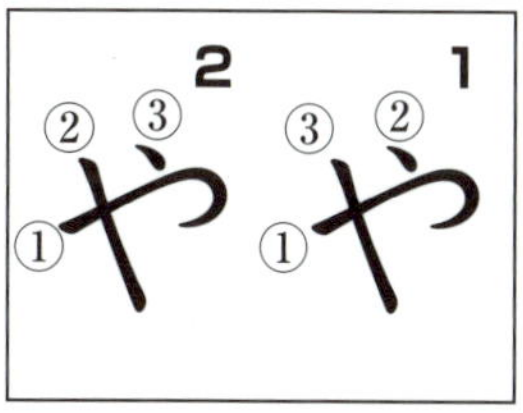

初めて行うときに、やり方を説明すれば、次からは、「書き順クイズの時間です。目と指の準備はOK?」と声をかけるだけでスタートできます。2分程度で、数文字の筆順クイズが実践できます。

筆順クイズでは、指導者がクイズ番組の司会者になったつもりで進めると、とても楽しい雰囲気になります。何より、子どもたちが指導者の筆順に注目し、「しっかり見る」練習にもなります。

注意点は、筆順を板書するときに、左右両サイドの子からも見えるように、かがんで書くことです。

また、「どっち?」と指導者が言う前に反応してしまう子、左手を挙げてしまう子、1、2を示さずに手だけ挙げる子、手を挙げられない子などがいます。

子どもたちが理解しているかどうかだけでなく、子どものたちの反応もしっかり見るようにしましょう。

そして、クイズの最後に、全員で空書き*をしてまとめます。(※人差し指で、空中に文字を書くこと)

このようにして、筆順に対する意識を育てます。

このクイズは、やがて漢字を覚えるときにも、筆順に注意が向くようになり、役に立ちます。

ところで、指導者が、1も2も正しい筆順で書いたとき、子どもは、どんな反応をすると思いますか。

正解はわかっているのに、答え方がわからない。そのときの子どもの表情はとても真剣です。「何か、うまい答え方がないか……」と一所懸命に考えます。

そんなことを考える時間も、時には必要ではないでしょうか。

また、1も2も間違った筆順で書くケースも示してみてください。

子どもたちの反応を見たあと、「では、誰か前に出てきて、正しい書き順で書いてみてください。」と言うと、前に出て書きたくて、多くの子が挙手するはずです。

4 字形を整える練習

(1) 現状

当社は、9歳までの子どもたちを「シングルエイジ」とよんでいます。

このシングルエイジの作品コンクールを主催し、子どもの作文を読んでいて感じることがあります。それは、

年令が上がっても、それに比例して、字形が整うわけではない

ということです。

小学生になり、幼児期とは比べようもないほど、たくさん文字を書

くようになると、子どもたちの頭の中には、「きれいに」より、「速く」という言葉が、絶えず浮かんでいるように感じます。整った文字を書く意識が保てなくなるのです。

次の文字を書いた子の学年を当ててみてください。

㋐

㋑

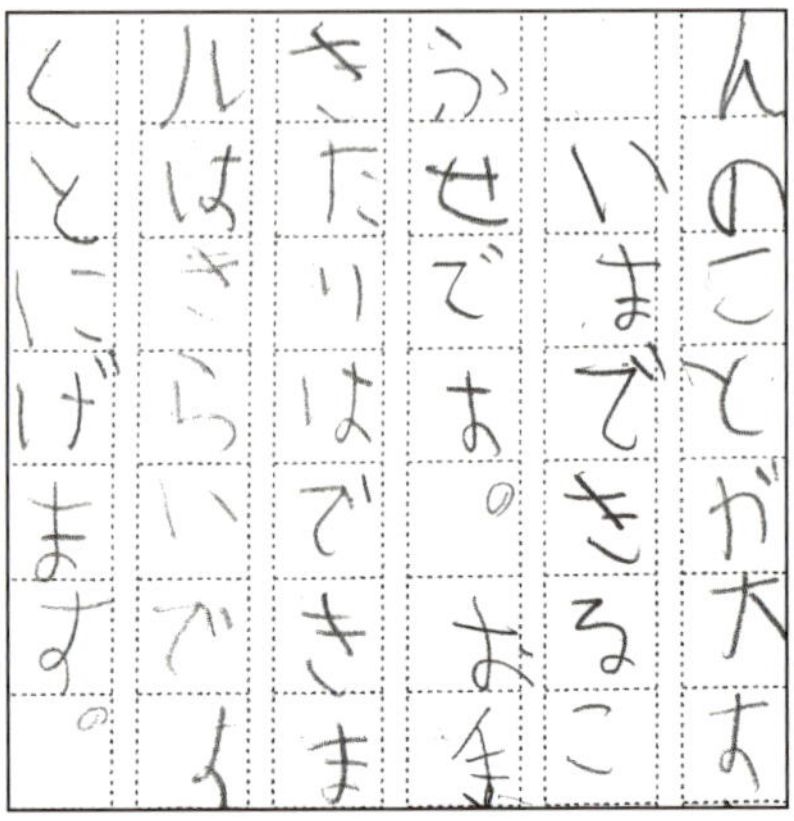

㋒

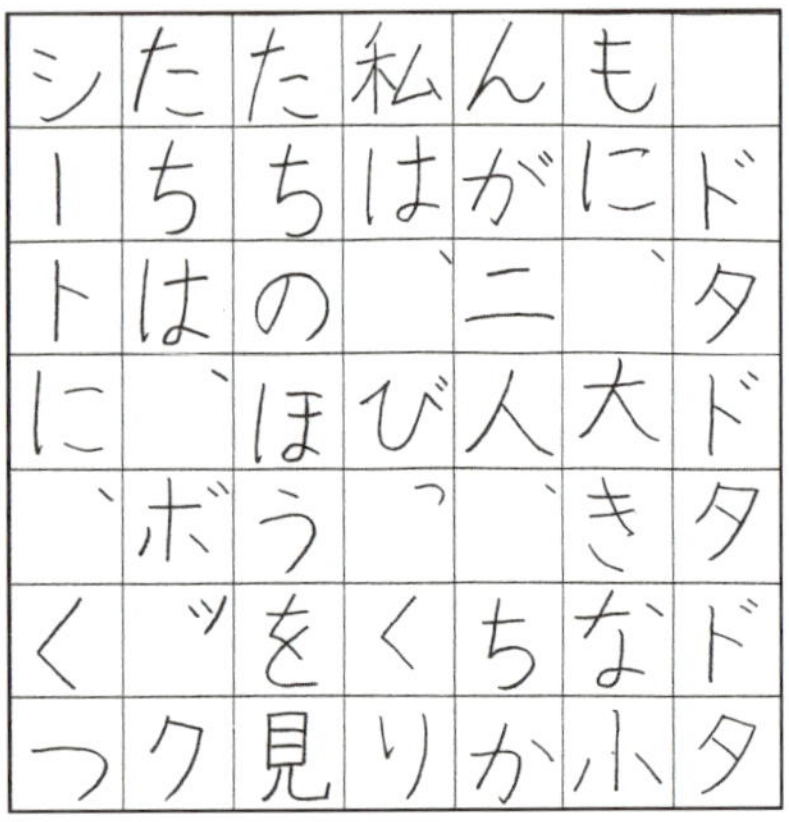

㋐から順に、3年生、1年生、年長児です。

通常、字形を整えて書く力は、年齢を経て、次第にアップしていくと思うのですが、先述したように、書く文字数が増え、時間がなくなるともなれば、「丁寧に書いてはいられない」というのが、子どもの言い分なのでしょう。

「きれいに書きましょう」と、毎日のように子どもに言っても、効果はほとんどありません。

もちろん何文字かは意識して直しますが、すぐに元に戻ってしまいます。指導者が乱雑な文字を指摘し続けても、子どもは嫌な気分になるだけです。

では、どうしたらよいのでしょう。

子どもの文字は、きれいにならないわけではありません。

1人の子の変化という視点では、次の例があります。

2歳半から文字の練習をはじめた子の1年後と、2年9か月後の日記です。

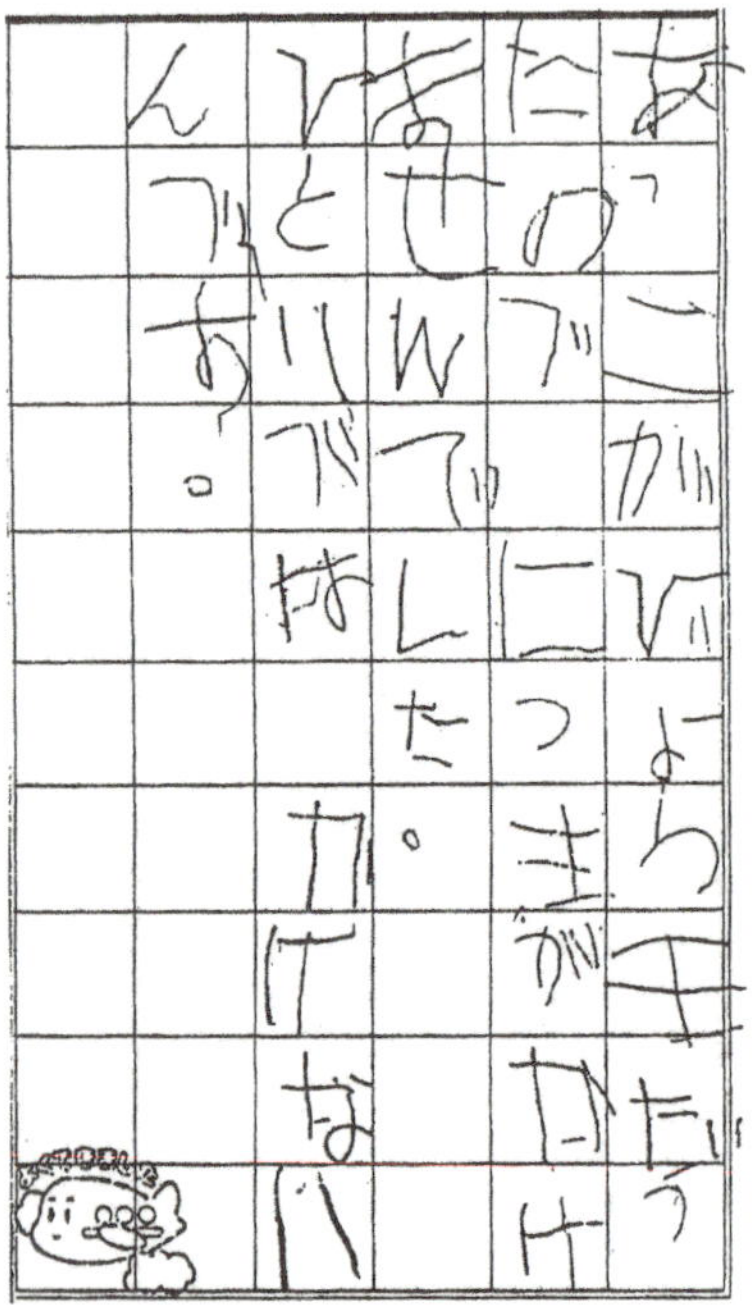

▲1年後（3歳半）

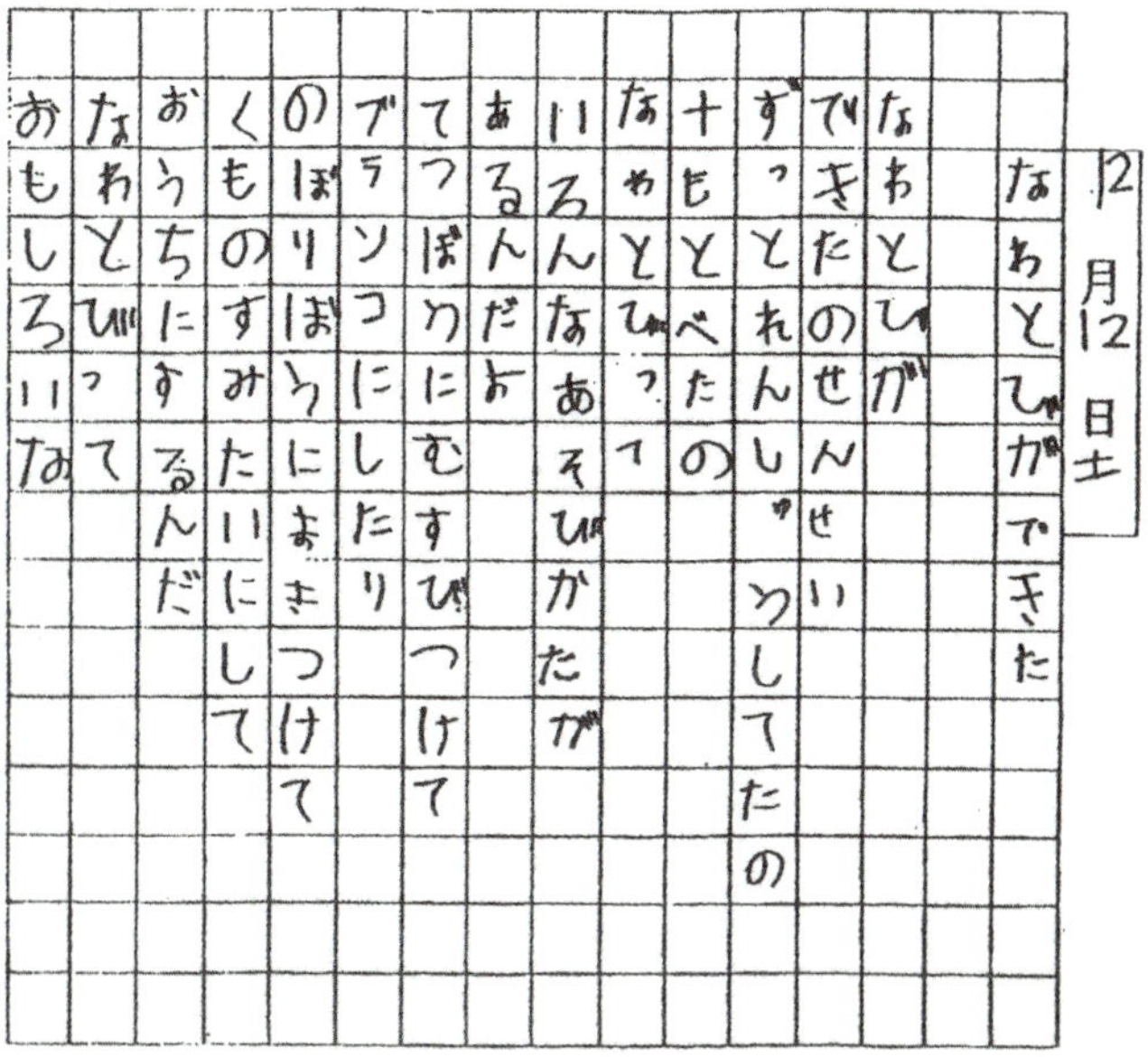

▲2年9か月後（5歳）

2つを比べると、ずいぶん字形が整ったことがわかります。（素敵な詩も書けるようになりました。）

字形を整えて書くには、やはり、最初に教えるときがポイントです。鉛筆の持ち方をおさえ、なぞり書きをしながら筆順を覚えたら、今度は、なぞり書きを卒業して、「見て」書くことです。

線の上をボーッとなぞっていても、字形は整えられるようにはなりません。

習字のように、お手本を見て書くことで、位置やバランスを意識できるようになります。これが、整った字を書く第一歩です。

(2) 幼児がうまく書けない文字

幼児にとって、字形を整えるのが難しい文字の代表は、「お・や・ま・の・い・え」と「み・か・ん・よ」です。だいたい、次のような字形になります。

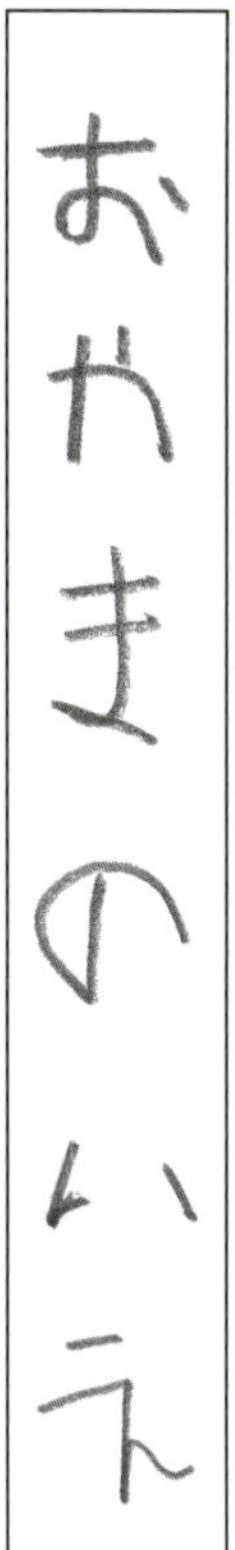

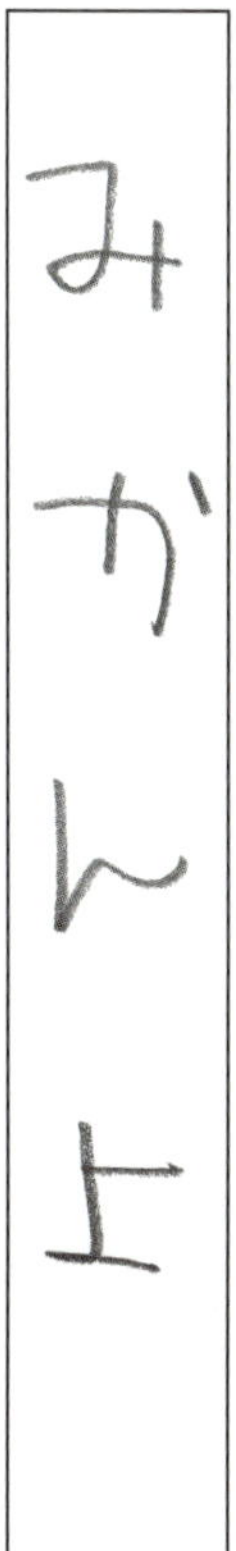

これらの文字が、なぜバランスよく書けないかを、少し分析してみましょう。

①1筆目を長く横に引いてしまう

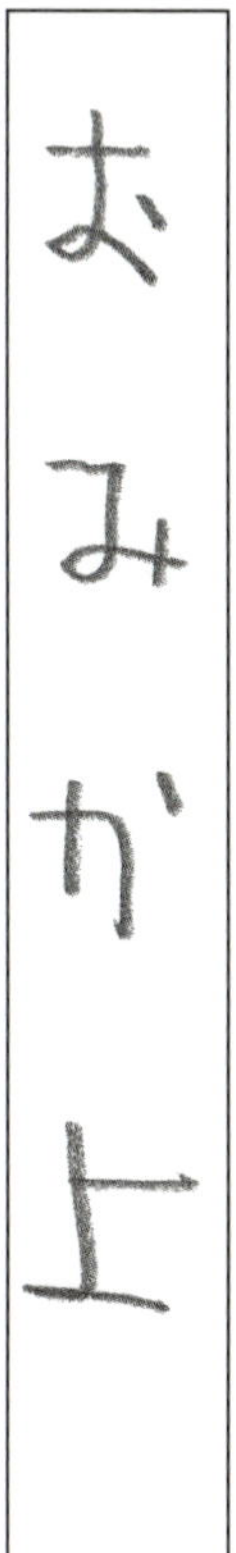

これは、子どもに、線を「ピタッ」と止める意識がないからです。そのため、マス目いっぱいまで横に書き進んでしまうのです。

指導者が教えるときに、「イーチ」とのばして言うことにも一因があると思います。

声がけに合わせて、長く書いてしまうのです。

線の長さの意識をもって、1筆目の横棒の指導をすることが大切だといえます。

②膨らみが出せない

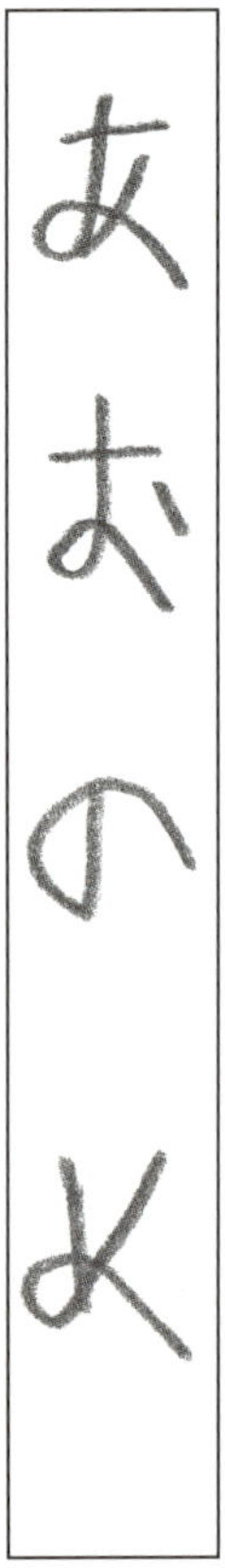

技術的に難しい文字で、幼児の7割くらいは、うまく書けません。右上方向に膨らませて「シュッ」と払うのが、難しいようです。

上から下に進む線より、下から上に進む線のほうが困難であるうえに、丸みのある曲線が加わったことが原因でしょう。

どうしても下に引きながら書いてしまい、尻すぼまりの字形になってしまうようです。

丸を素早く続けて書いたり、あえて最後は閉じずに、「シュッ」と払う線の練習をしてみましょう。

③斜めの線が書けない

特に「や」は、斜めの線が左上から右下に入るため、とても難しいようです。

方向の異なる斜めの線が入った「や」と「か」ですが、どちらも斜めの線をまっすぐに書き、結果的に2つがとても似た字形になるケースがよく見られます。

また、「え」と「ん」も、斜めの線が書けず、縦のまっすぐな線になりがちです。

斜めの線の練習を十分に行ったうえで、文字の中の斜めの部分にしっかり注目させる必要があります。

④小さな回転ができない

「あ」や「の」と同じように、最後の部分を下に引いてしまうせいか、「ま」と「よ」では結びが潰れてしまう傾向があります。

「ぬ」や「ね」も同様です。

「結び」を「目」に見立てて、「目が開いているかな?」などの声をかけて意識させましょう。

⑤「い」が意外にできない

最後に「い」の字です。「い」は、一見簡単そうに見えますが、きちんと書けている子は意外に少ないです。

▲下開き

▲長さが同じ

▲はねていない

▲「り」に近い

このような文字が多く見られます。

子どもの中に、「い」は「縦棒2本」とインプットされてしまうと、2つの線の開き方や長さのバランスなどには、意識が向かなくなってしまうのかもしれません。

手のひらを使って「い」のような形を作り、緩やかな曲線やはね、長さの違いを意識させると、言葉だけよりも理解しやすくなります。

その後、練習させれば、もともと難しい字ではないので、上手に書けるようになるでしょう。

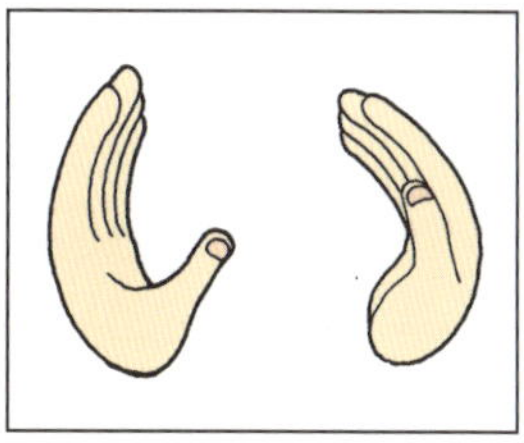

(3) 練習方法

①カラーで4分割されたマス目で練習

4分割されたマス目に、それぞれ色をつけたもので練習をすると効果的です。
上のお手本をしっかり見てから、下のマスに人差し指でゆっくり文字を書きます。
このとき、

- スタート、ストップの位置
- マス目の中の十字にぶつかるかどうか

を特に注意します。

例えば、「お」の字の場合、大人でも1筆目と2筆目の交差部分を、マス目の中央に書いてしまう人がいます。

しかし、4分割のマス目にある「お」を見ると、意外に左側にあることに気がつきます。

また、最後の点が、右上のちょっと離れた場所にあることにも気づくでしょう。

「お」の字は、「左側中心で、最後は離れて『トン』」など、文字の特徴を理解し、言葉で表現してから練習すると、1人で書くときにも、うまく書けるようになります。

②4分割されたマス目での練習

次に字形を整えるためには、4分割されたマス目で練習します。

そして、習字と同じように、お手本をしっかり見て書きます。このとき、1筆ごとのスタートとストップの位置を確認していきます。

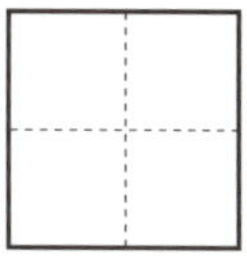

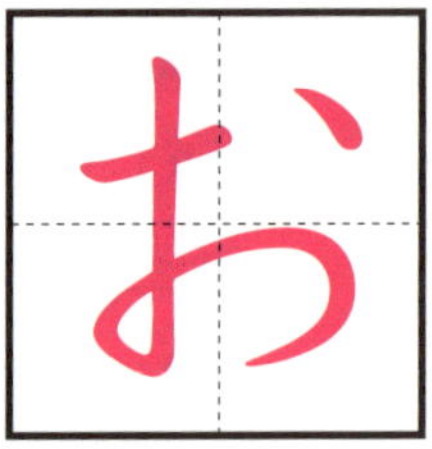

「お」の字の場合
1筆目　真ん中の縦線で「ストップ」。
2筆目　真ん中の縦線より左側を下り、回って中央の横線に近づいたら「シュッ」。
3筆目　最後に右上に「トン」。

このように線の長さや方向を、4分割の線を目安にしながら理解させます。「ストップ」「シュッ」という「止め」や「払い」も合わせて学び、子どもたちが、先生や保護者に、「文字の書き方」を楽しく説明できるようになるとよいでしょう。

4分割されたマス目で、ある程度練習したら、普通のノートに文字を書くようにします。

いつまでも4分割の線に頼るのではなく、自分の頭の中に線が見え、位置がおさえられるようにしたいものです。

なぞり書きだけでは、「線からはみ出さないように」という声がけが多いため、子どもは文字全体のバランスに意識が向かないように思います。

③文章にまとめる

4分割のマス目の練習が終わり、分割線のないマス目で練習するようになったら、文字を上手に書くポイントを、その子なりの視点で文にする活動を実践してみましょう。

ある文字をマス目に書いたとき、その子が「お手本のように書けなかったところ」がポイントとなります。

それを文にするのです。

また、日常的に、文字の書き方についての会話をしておきましょう。子どもは、そのときの言葉をヒントにできるので、文が書きやすくなります。

次の2作品は、1年生の子どもたちに、夏休みの宿題で、「お」の字について書いてもらったものです。

ア

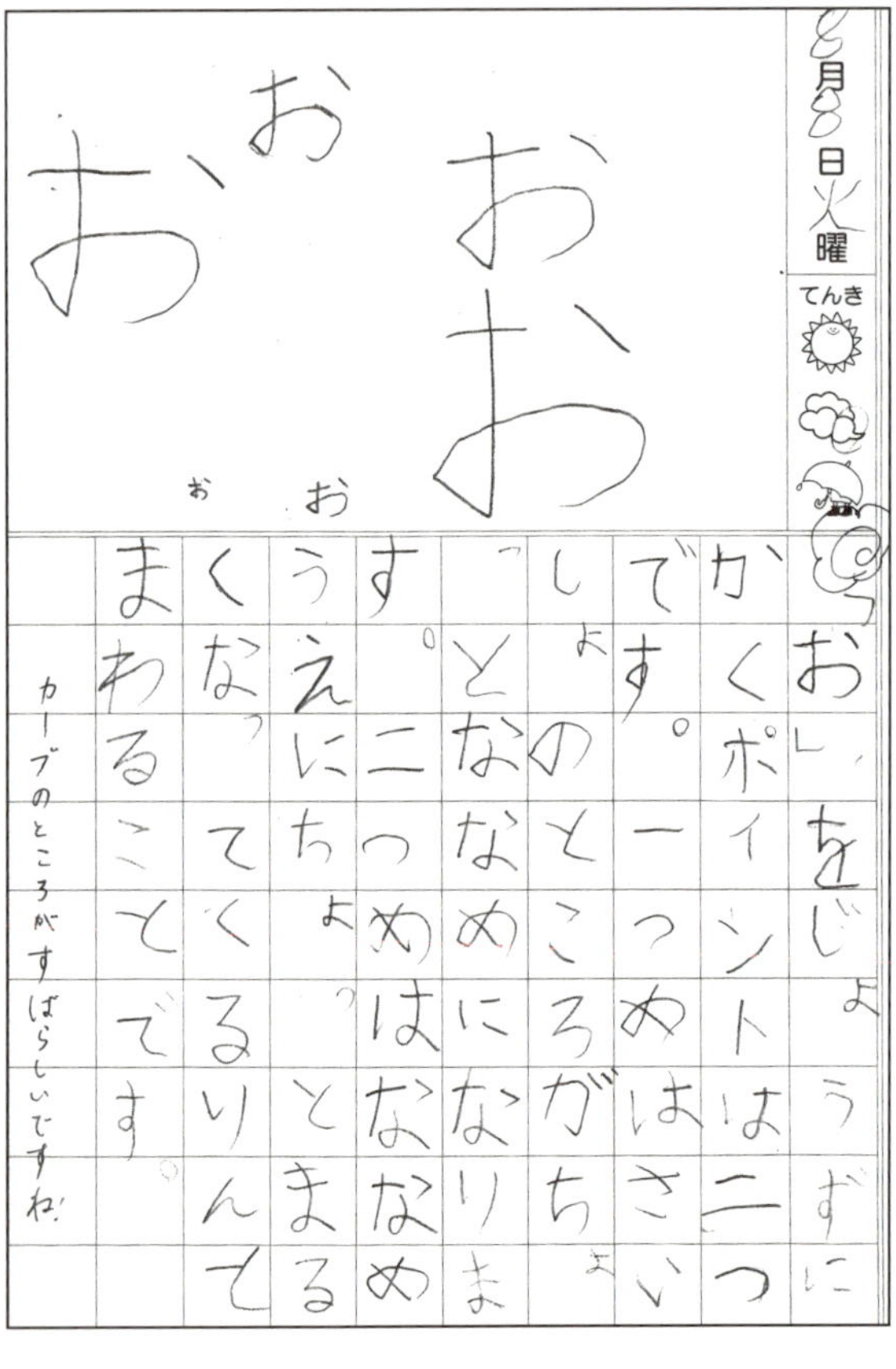

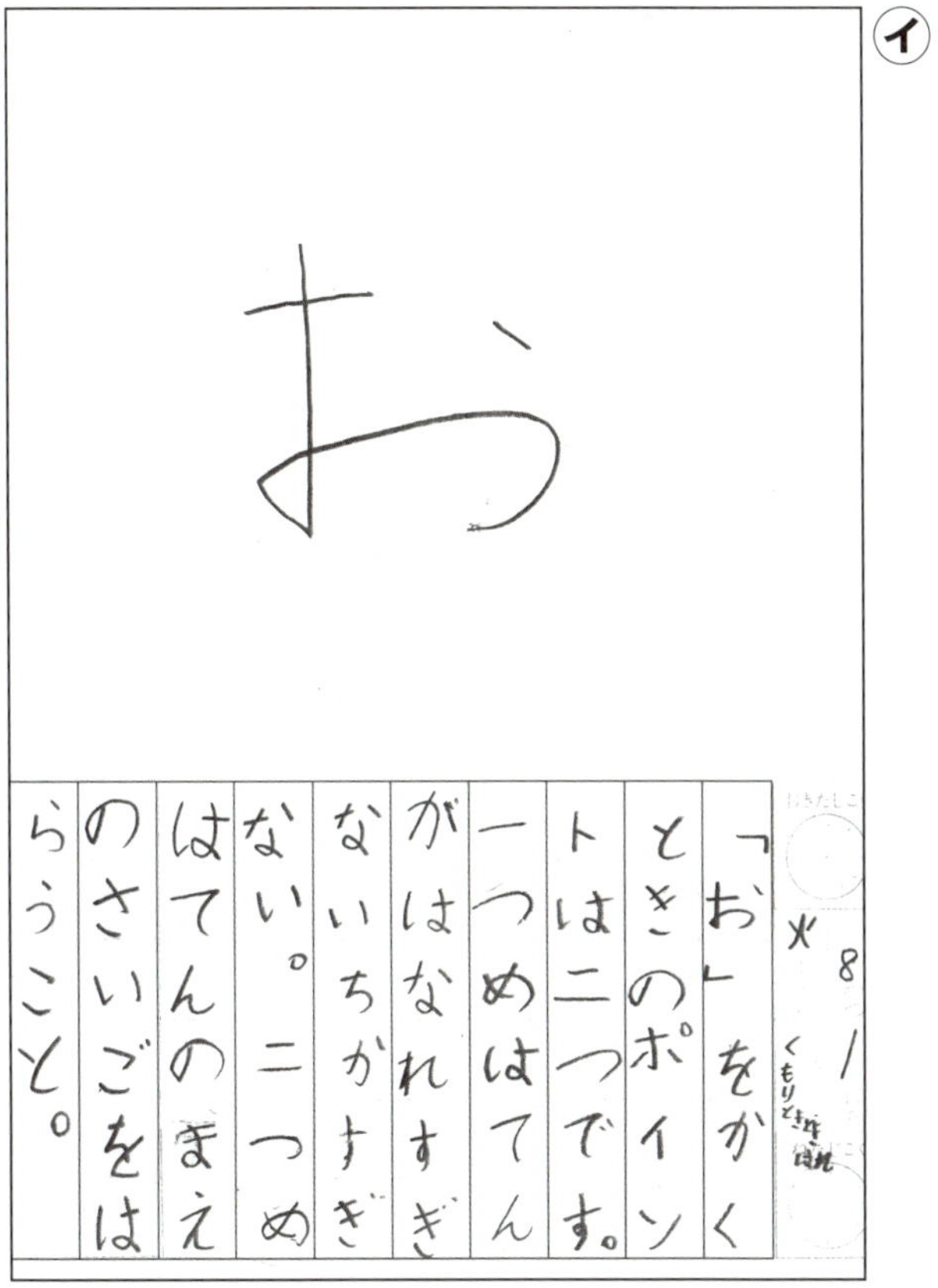

イ
お
「お」をかくときのポイントは二つです。一つめはてんがはなれすぎない。二つめはてんのさいごをはらうこと。

絵日記の用紙のフォーマットを使い、上の絵の部分には、自由な大きさで、好きな数だけ「お」の字を書きます。下の部分には、自分なりの「上手に書くポイント」を文でまとめます。

㋐の作品では、上の部分に大きさの異なる「お」が、たくさんあります。また、カーブの部分を「くるりんとまわること」と表現し、楽しんで書いていることが伝わってきます。

㋑の作品は、「お」の最後の点を書く位置について、「はなれすぎない　ちかすぎない」と、思わず大人でも納得してしまうような、まとめ方をしています。

このような活動を通して、字形に対する意識が、少しずつ育っていくように感じます。

最後に、線を書く基礎練習は、文字を書く練習の前にたくさん行ったほうがよいと思います。

五十音が書けるようになったあとに、文字が読みにくいからと、書き直しをさせると、それで書くことが嫌になってしまう子もいます。

一般的に、鉛筆を持ちはじめて、すぐに文字の練習をすることが多いように思いますが、線の練習で手首や指先が自由に動くようになってからのほうが、子どもにも無理がありません。

毎日のように文字を書いている大人にとっては簡単なことでも、子どもにとっては、初めての学習です。

最初は、難しい文字の学習までを一気に行わず、

「鉛筆の持ち方」「線の練習」「筆順」「字形」を分けて、少しずつ身につけていくこと

をお勧めします。

作文前のストレッチが完了したら、第3章からの作文に進みましょう。

1 やさいの なかま

内容 自分の知っている言葉を思い出して、詩をつくる。

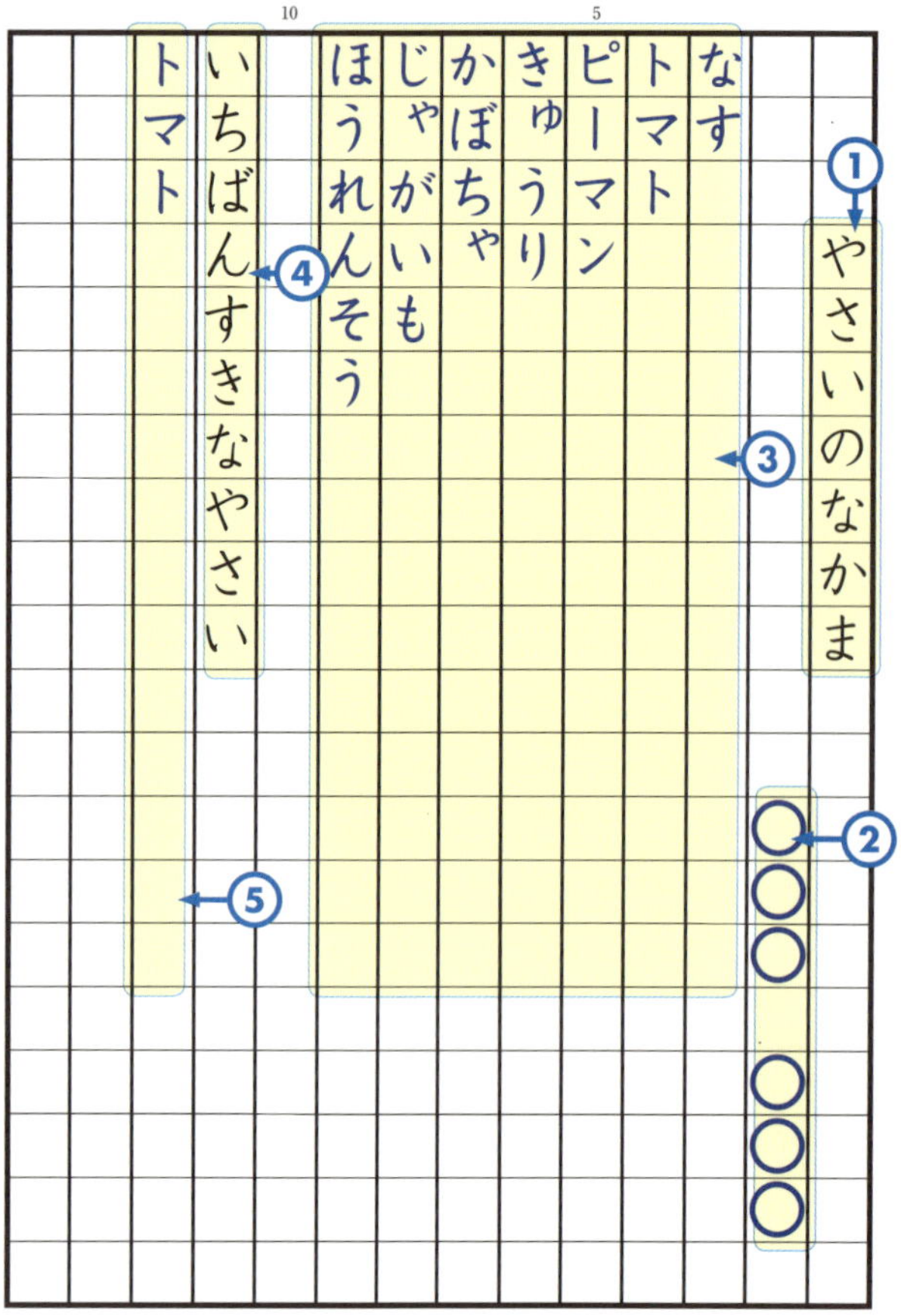
①
やさいのなかま
②
○○○　○○○
③
なす
トマト
ピーマン
きゅうり
かぼちゃ
じゃがいも
ほうれんそう
④
いちばんすきなやさい
⑤
トマト

手順

① なぞります。

② 名前を書きます。

③ 野菜の名前を発表します。野菜を7つ決めて、書きます。

④ なぞります。(省略可)

⑤ 好きな野菜を書きます。

自分の好きな野菜を「選んだ」という気持ちにさせよう！

指導のことば

① 今日は、これから詩を書きます。
1行目の最初の文字に、指を置きます。

指でなぞりながら、下まで続けて読みます。さん、はい。(ざっと見渡し確認する。)

今日の詩の題名は、「やさいのなかま」です。

では、鉛筆を持って、題名をなぞってみましょう。どうぞ。

(鉛筆の持ち方、取り掛かりの早さ、なぞりのスピードをチェック。)

② 2行目に名前を書きます。どうぞ。
(これをやる前に、原稿用紙の名前の書き方はやっておくこと。)

③ 3行目を書く前に、みんながどんな野菜を知っているのか聞きます。言える人！
(挙手をさせ、1つずつどんどん発表させる。普段、あまり発表できない子に当てる。出てきたものを、黒板に横一列に素早く板書していく。10くらい出たらストップする。)

では、3行目から横に1つずつ、野菜の名前を7つ書いていきます。

黒板に書いたものから選んでもいいし、自分で思い浮かんだものを書いてもいいです。わからない人は、いますか。

(聞いていない可能性のある子とアイコンタクトで確認する。指示のキーワード「3行目から・横に・7つ」を再度言ってもよい。)

では、先生が100数える間に、頑張って書いてください。

鉛筆を持って！ よーい、スタート！

④ 「いちばんすきなやさい」をなぞります。

⑤ 次の行に、自分のいちばん好きな野菜の名前を書きましょう。
これで完成です。

ここをwatch!

野菜の名前を書くだけでも、個性が表れます。黒板に書いてあるとおりに順番に書く子、順番を入れ替えながら書く子、字数にこだわり、少ない字数のものを書く子、好きな野菜から書く子、7つ選ぶのにずっと迷う子……。子どもの表情や書くスピードを見ていると、さまざまな発見があります。

「やさいのなかま」に限らず、指導者は、事前に子どもの視点で書いておくとよいでしょう。子どもたちとの共通点なども見つかります。「あっ、これ、先生と同じだ!」などと、楽しい声がけもできます。

また、めずらしい野菜の名前を発表する子もいるので、子どもの反応をたくさん予想しておきましょう。

ポイント❶

野菜の名前は、どの子も必ずいくつか言えるので、自信を持って発表することができます。多くの子が楽しみながら取り組める教材です。

ポイント❷

小学校低学年までは、子どもの書くスピードの個人差が大きいものです。「指導のことば」の⑤で、好きな野菜をたった1つ書くだけでも、時間がかかる子と、あっという間に書く子がいます。

その時間差を埋めるために、「指導のことば」の④を省略して、11行目は早く終わった子がなぞる部分とするのもよいでしょう。

やさいのなかま

なす　むらさき
トマト　あか
ピーマン　にがい
きゅうり　ぶつぶつ
かぼちゃ　かたい
じゃがいも　ほっかいどう
ほうれんそう　ごまあえ

いちばんすきなやさい
トマト

バージョンアップ

自分が書いた野菜の下に、その野菜からイメージする言葉を、ひとこと書いてもよいでしょう。その子のものの見方や感じ方が表れてきます。

色、味覚、料理名、手触りなど、いろいろな視点が出てきます。同じ野菜を書いても、パッと頭に浮かぶ言葉は十人十色です。

【応用編】他の仲間で実践

けものの仲間、鳥の仲間、乗り物の仲間なども、今回の野菜と全く同じ型で実践することができます。

けもののなかま
うま
きりん
ぞう
うし
らいおん
さる
らくだ
いちばんすきなけもの
ぞう

のりもののなかま
ひこうき
ふね
バス
でんしゃ
ヘリコプター
しんかんせん
くるま
いちばんすきなのりもの
しんかんせん

2 「あ」のつくことば

内容 自分の知っている言葉を思い出して、詩をつくる。

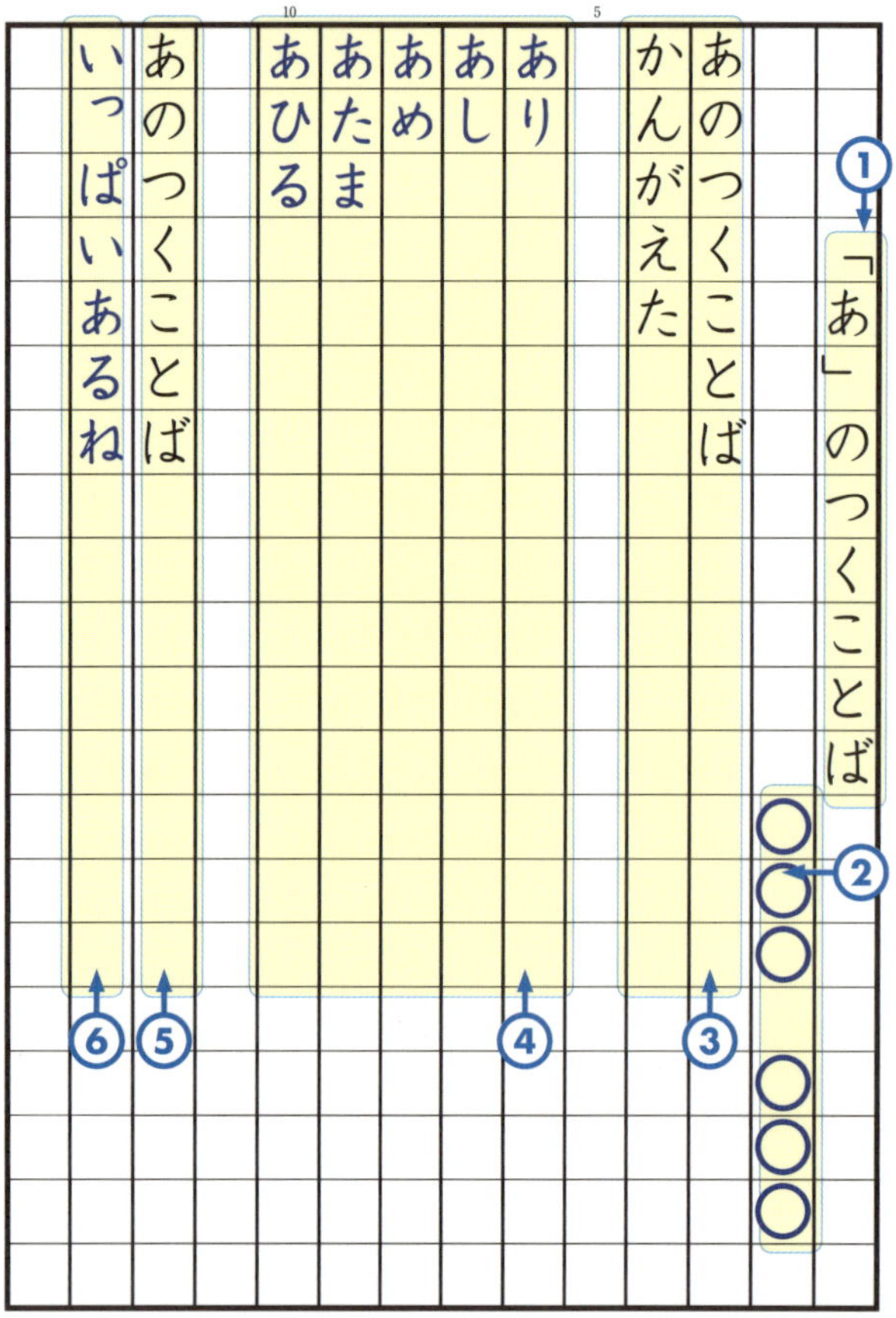

手順

① 題名を読んで、なぞります。
② 名前を書きます。
③ なぞります。
④「あ」ではじまる言葉を5つ考えて、書きます。
⑤ なぞります。（省略可）
⑥ ひとこと感想を書きます。

指導のことば

①
今日は、これから詩を書きます。

1行目の最初の文字に、指を置きます。指でなぞりながら、下まで続けて読んでみましょう。（見渡して確認する。）

今日の詩の題名は、今、みんなが読んだように、「『あ』のつくことば」です。

では、鉛筆を持って、題名をなぞりましょう。どうぞ。

（鉛筆の持ち方、取り掛かりの早さ、なぞりのスピードをチェック。）

②③
2行目に名前を書きます。どうぞ。

3行目と4行目をなぞりましょう。

なぞれた人は、「あ」のつく言葉を考えていてください。

（時間を決めて終わりにする。）

④
「あ」ではじまる言葉は、たくさんありますね。

（自分の足や頭を素早く触る。）

例えば、今、先生が触ったのはどこですか。（答え：足・頭）

そうですね。両方とも、「あ」の字ではじまる言葉です。

他にも自分で考えて、6行目から横に1つずつ書いていきましょう。

やることが、わからない人はいませんか。

（わからない子がいたら、頭音言葉の意味、マス目への書き方などを、板書しながら再度説明する。）

⑤⑥
「あ」ではじまる言葉を5つ書けた人は、12行目をなぞります。

「あ」のつく言葉、たくさん書けましたね。

最後に、ひとこと感想を書きます。自分が思ったことを、13行目に書いてください。

例えば、「おもしろい」「もっとかきたい」などです。

ここをwatch!

最後の1行で悩む子は必ずいます。やることが明確な頭音言葉はどんどん書けても、最後の「ひとこと感想」というのは曖昧で、何をしたらいいのか、わからないのです。

書けない子には、「先生は、こんな感想だったよ。」と言い、いくつか例を板書して、「同じ気持ちだったら、写してね。」などと声をかけましょう。

わずかな時間でも、子どもが自分を見つめることを大事にしてください。

〈感想の例〉

いろいろあるね・もっとかきたい・たのしいね・むずかしい・わからない・つまらない　など

ポイント

「あ」の字を、きれいな字形で書ける子は、幼児では2割程度です。たいていは、左のように最後が膨らまず、シュッとすぐ下におりてしまいます。

「あ」は、ひらがなの中でもかなり難しい文字です。この詩の前に、練習しておくとよいでしょう。また、この教材自体が「あ」の練習にもなります。

子どもの「あ」の例

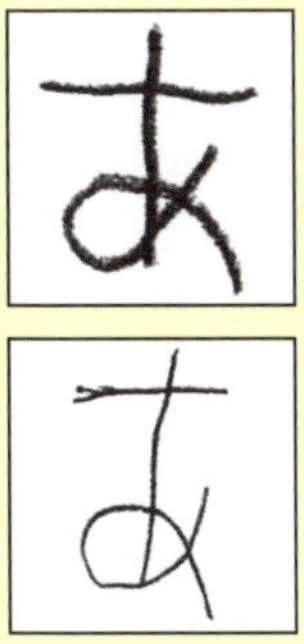

▶右半分の最後が膨らまない。

バージョンアップ

あのつくことば
かんがえた

あり　くろい
あし　あるく
あめ　かさ
あたま　かみのけ
あひる　いけ

あのつくことば
いっぱいあるね

前回の「①やさいの なかま」と同様に、自分が書いた言葉の下に、その言葉からイメージするひとことを書いてみましょう。

例えば、「あり」という言葉から思い浮かぶのは、「くろ・小さい・あな・さとう・こわい……」など、さまざまです。

その子のものの見方や感じ方が表れてきます。

【応用編】他の文字で実践

五十音の中から、自分の好きな文字を選ばせて、同じ形でやってみましょう。文字を選べる楽しさが出ます。

同型なので要領もわかり、1人でできます。

また、頭音言葉を「文字数3文字以上の言葉」などとすると、レベルが上がります。

いのつくことば
かんがえた

いぬ
いか
いす
いるか
いし

いのつくことば
いっぱいあるね

3 いろ

内容 言葉から色をイメージして、詩をつくる。

手順

① 題名を読んで、なぞります。名前を書きます。

② 読みます。

③ イメージの色を考えます。

④ なぞったあとに、色を書きます。

⑤ 読みます。

⑥ なぞったあとに、色を書きます。

⑦ なぞったあとに、好きな色を書きます。

①
いろ
○○○ ○○○

④
はる ピンク
なつ みどり
あき ちゃいろ
ふゆ しろ

⑥
おこりんぼ くろ
がんばりや あか
なきむし あお
しんせつ しろ

⑦
すきないろ あか

指導のことば

① 今日は、これから詩を書きます。
1行目の題名を読みましょう。さん、はい。

まず、題名をなぞります。次に、2行目に名前を書いてください。

やること2つ、わかりましたか。

②③ 3行目から6行目まで、一緒に読みましょう。
みんな、季節の名前ですね。今の季節は何ですか。（答え：夏など）
詩の題名は、「いろ」でしたね。これから、季節を色に変身させます。
まず、「はる」。「はる」になると、暖かくなって、コートを脱ぎますね。外で遊んでも気持ちがいいですね。花も咲きますし、虫も出てきます。そんな春は、何色みたいですか。
（どんどん発言させて板書する。何人かに、その色にした理由を説明させるとよい。）

④ では、「はる」をなぞったら、1マス空けて、自分の思った色を書いてください。どうぞ。（見本を板書してもよい。）
「なつ・あき・ふゆ」でも、その季節を頭の中で想像して、自分の思った色を、それぞれの季節の下に1マス空けて書いてください。

季節の名前は、「はる」と同じようになぞります。

⑤⑥ 8行目から読んでみましょう。
季節のときと同じように、言葉から色を想像してみましょう。

「おこりんぼ」は何色みたいですか。（すぐに「ストップ！」と声をかけて、発表はさせず、次の指示をする。）

ここから先は、自分1人で想像して、色を書いてください。

なぞり書きも忘れないようにしましょう。

⑦ 最後です。「すきないろ」をなぞって、下に1マス空けて、自分が好きな色を書いてください。

ここをwatch!

「①やさいのなかま」「②『あ』のつくことば」は、覚えていることを思い出し（野菜の名前、頭音言葉）、自分で決めて書くという内容でした。ここでは、言葉から「イメージする」という活動になります。

直感で書く子は、あっという間に終わりますが、あれこれと思い巡らす子は、書くのに時間がかかります。せかさずに見守ることも必要です。

以前、好きな色を「くろ」と書いた年長児の男の子がいました。理由を聞くと、「だって、裸足が好きだから。」と言います。

「裸足？」と思いましたが、よくよく聞くと、「裸足で外遊び＝黒くなる」ということでした。

作文を書くコツ

詩や作文を書くときには「題名」が必要ですが、7歳くらいまでは、その言葉の意味がなかなか理解できません。

「本には、みんな名前がついているね。それが題名です。中身がなんとなく伝わって、ワクワクするような題名がいいです。」と話してみましょう。そして、徐々に、詩や作文を書くときに、自分で題名を考えるようにしていきます。

また、子どもたちに、自分が読んだ本の中で「面白いなあ」「かっこいいなあ」と思った題名を発表させる機会を設けるとよいでしょう。

バージョンアップ

かぞくのいろ

おとうさん　あお
だって
あおいふくをきているから

おかあさん　あか
だって
いちごがすきだから

▲以下、祖父母、兄弟などについて続けて書き、最後に自分のことを書く。

【応用編】家族の色で詩を作ろう

家族の人を色で表したら何色になるか、そして、なぜその色なのかを詩にしてみましょう。

「おかあさん　くろ」と書いた女の子がいました。

「黒」というと、大人は悪いイメージを持ちます。一瞬、「何かあるのか」とドキッとしました。

でも、「だって、暗くなったら、帰ってくるから」という理由で、ほっとした記憶があります。

働いているお母さんが、暗くなると帰ってくる。この女の子にとっては、「黒」は、悪いイメージではなく、お母さんが帰ってくる嬉しい色だったのです。

子どもが、「家族をどう見ているか」を、ちょっとのぞくことができました。

先の「裸足＝黒」の男の子もそうですが、子どもの話や作品から、思わぬ発見があります。

4 からだ たんけん

内容 触感を言葉にして、詩をつくる。

手順

1. ① 題名をなぞります。名前を書きます。
2. ② 体の各部の名称を確認します。
3. ③「まゆ」を触り、その感触を書きます。言葉はなぞります。
4. ④ 体の部分を触り、その感触を書きます。
5. ⑤ 読みます。ひとこと感想を書きます。

①
からだたんけん
〇〇〇　〇〇〇

③
まゆ　ちくちく

④
あご　こつこつ
ひじ　ごつごつ
つめ　つるつる
ほっぺた　ぷくぷく
みみたぶ　ぷっくりちょん

⑤
からだたんけん
たのしいな

指導のことば

① 今日の詩の題名は何ですか。（答え：からだたんけん）
題名をなぞってから、2行目に名前を書いてください。

② これから、自分の体を探検します。使う道具は、指先です。
（自分の手を子どもたちに見せて、指先を動かしてみせる。）

「どこを探検するか」は、3行目から先に書いてあります。

一緒に読みましょう。（「みみたぶ」まで読む。）

では、先生が言う場所を人指し指で指してください。

（「まゆ」「あご」……と順番に読み上げる。わからない子がいないか確認し、その後はランダムで速く言う。）

③ さあ、いよいよ探検にスタートします。
探検隊は、5本の指全部を使います。

それぞれの場所に着いたら、指先でそっと触り、右左にゆっくり動かします。先生がちょっとやってみますね。

（子どもに見えるように、まゆに触れて、左右に動かす。）

そうですね、「ちくちく」かな。（黒板に「まゆ　ちくちく」と書く。）

みんなも「まゆ」に触って、触った感じを「まゆ」の下に1マス空けて書きましょう。「まゆ」は、なぞります。

④ 書けた人は、「あご」をやってみましょう。
（順次進んでいく。）

早く終わった子は、「おでこ・小鼻・のど」など、体の他の部分について、プリントの裏に書いてもよい。）

⑤ 最後の行（10行目）を読みましょう。
「からだたんけん」はどうでしたか。感想を次の行に書きましょう。

★ では、発表タイムです。みんなの前で読んでくれる人はいますか。

ここをwatch!

「五感で感じたことを作文の中に書こう。」と子どもたちに言っても、出てくるのは「視覚」「聴覚」からのものがほとんどです。

衛生面や危険性の問題もあり、最近は幼児期から触覚を育てる機会が、ほとんどありません。子どもが指先で感じ、それを言葉で表すことが減ってきているように思います。

意識して身のまわりにあるものに触れ、指先に神経を集中させて、そのときに感じた感覚を言葉で表せるようにしましょう。子どもがどのように自分の体に触れているのか、そしてどんな表現をするのか、しっかり見てください。

ポイント❶

「指導のことば」の③の部分は、先生自身が本当に探検に行く気分になって楽しまないと、子どもたちも乗ってきません。ある意味、役者になって、オーバーアクションで見せることが必要です。

ポイント❷

「指導のことば」の②で、先生が体の場所をランダムに読み上げるときは、最初はゆっくりで、次第にスピードを上げていきましょう。子どもは笑顔になり、楽しく動作をしていきます。

また、先生の声を小さくして、1回でしっかり聞き取れて行動できたら、褒めてあげましょう。子どもに「聞こう」という意識が育ちます。

バージョンアップ

ねーばねば　ねーばねば
ねばねばするもの
なんだろな
クモのす　なっとう
なめこに　オクラ
くつのそこの　かんだガム

ぬーるぬる　ぬーるぬる
ぬるぬるするもの
なんだろな
ボディソープ　シャンプー
リンス　うなぎに
なめくじ　ぬれた石

【応用編】詩を書こう

谷川俊太郎さんの詩に「つるつるとざらざら」という作品があります。この詩のリズムを生かして「触覚で感じた詩」を書いてみると、触覚に対する興味がわいてきます。

使う言葉は「つるつる」「ざらざら」「べとべと」「ねばねば」「ぬるぬる」「ふわふわ」「さらさら」「べちゃべちゃ」など、どんなものでも構いません。それぞれの言葉に該当するものを思い出し、あとはリズムに乗るような語順を考えます。

子ども各自で行うのが難しければ、教室のみんなで考えて、1つの作品を完成させる授業にしてもよいでしょう。

この活動と関連して、「『ねばねば』と『ぬるぬる』の違い」などを子どもたちに説明させるのも、よい学習になります。

5 雨となかよし

内容 連想するものを書いて、詩をつくる

手順

① 題名を読んで、なぞります。名前を書きます。
▼
② 読んだあとに、なぞります。
▼
③「雨」から想像するものを書きます。
▼
④ 発表します。
▼
⑤ 感想を発表します。（⑥の前段階）
▼
⑥ なぞったあと、感想を書きます。

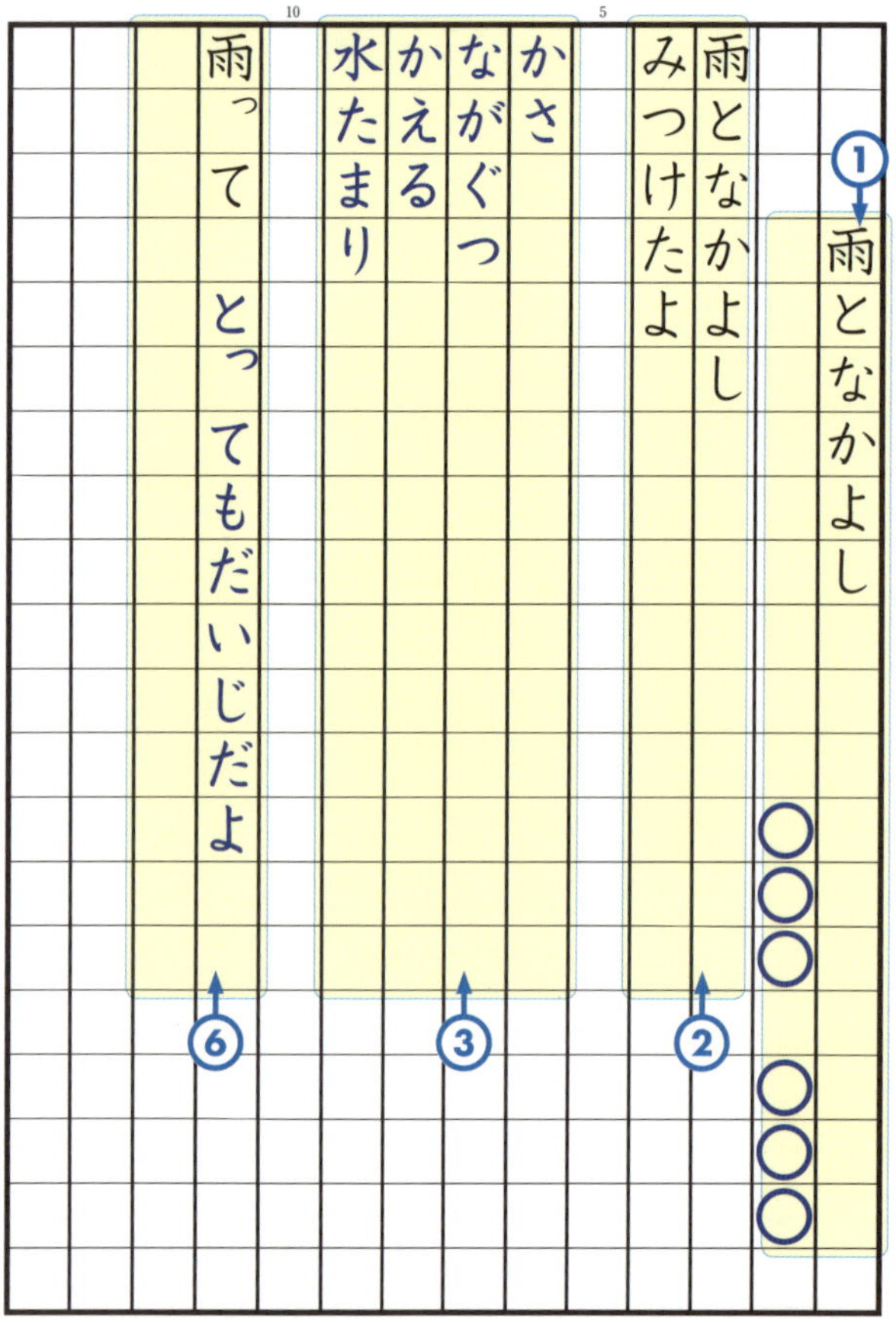

指導のことば

① 今日の詩の題名は何ですか。（答え：雨となかよし）
題名をなぞってから、2行目に名前を書いてください。

② 3行目、4行目を小さな声で読んだら、なぞります。
（いつも元気よくではなく、たまに小さな声で読む。これは、黙読に近づけていくねらい。声の大きさのコントロール練習でもある。）

③「雨となかよし」と言われて、みんなは何を想像しますか。
目を閉じて、雨の日を思い浮かべてみましょう。

雨が、ポトン、ポトンと当たって、喜んでいるものが思いついた人はいますか。（2、3人に発表させて、横に並べて板書する。）

では、「雨となかよし」のものを4つ、6行目から横に書いてください。

（机間巡視しながら、書き進められない子がいないか確認する。板書を参考にしてもよいことをアドバイスする。）

④ では、書けた人に、発表してもらいます。（3人くらいが発表する。）

⑤「雨となかよし」のものが、いろいろ出てきました。
なかよしのものがたくさんある雨に、ひとこと声をかけるとしたら、何と言ってあげたいですか。

（「いいなあ」「ともだちおおいね」「にんきもの」「だいじだよ」「きれいだね」など、出てきたものを板書する。）

⑥ 最後に、ひとことを書きます。
「雨って」をなぞったら、下に1マス空けて、自分が思ったことを書きましょう。

例えば、先生なら、さっきみんなから出た「とってもだいじだよ」と書くかもしれません。

黒板も見ながら、みんなが思ったとおりに書いてください。

ここをwatch!

雨に重きを置いて、雨の日に使うものをあげる子と、「なかよし」という言葉に意識が向く子がいます。

事前に、指導者が幅広い視点から「雨となかよし」のものを考えておくと、子どもの言葉にうまく反応できるでしょう。

例えば、子どもから「はと」と出たら、どうして鳩が雨となかよしなのか、すぐにわかりますか。

「雨が降ると、水たまりができる」→「そこへ鳩がやってきて水を飲む」から、「雨と鳩はなかよし」という連想なのです。

このような「子どもならでは」の発想にも、柔軟に対応できるようにしたいものです。

ポイント❶

この詩は、雨が降っている日に行うと、窓から外を見たり、普段は意識していなかった雨の行方を追ったりできます。思いがけない「なかよし」が、ひらめくかもしれません。

ポイント❷

あるものから連想したり、あるものを発見したりするためには、集中することが必要です。しかし、低学年までは難しいものです。

雨を見るときに、「よく見る」＝「他のことは考えないで見る」「きょろきょろしないで見る」ことだと話し、集中して「よく見る」と、発見や想像ができることを体験させましょう。

バージョンアップ

かぜとなかよし
みつけたよ

かざぐるま
おちば
たんぽぽ
こいのぼり

かぜって　おともだち
いっぱいだね

【応用編】他の自然のもので実践

普段、私たちは身のまわりの自然を見つめたり、それについて考えたりすることは、めったにありません。子どもたちもそうだと思います。

毎日、当たり前に見ている自然のものについて、「雨となかよし」と同型で詩を書いてみましょう。

題材としては、「星」「月」「空」「風」などがあります。

遊んでいて汗をかいたとき、風がさーっと吹いてきたら、「あっ、自分は風となかよしだな」と思うかもしれません。

言葉だけを並べた詩の中にも、その子の生活や感性は表れます。単語を書くだけでも立派な詩になるのです。

また、意識してまわりを見るだけでも何かに気づき、ものの見方や考え方が育つのではないかと思います。

6 あかちゃんの[っ]

内容 自分の名前の文字から促音の入った言葉をつくり、作品を書く。

手順

① 題名を確認し、なぞります。名前を書きます。

② 読みます。

③ 自分の名前から、3文字を選んで書きます。

④ 読みます。

⑤ 3文字と「っ」を書く説明をします。

⑥ 3文字からはじまる促音の入った言葉を書きます。

⑦ ひとこと感想を書きます。

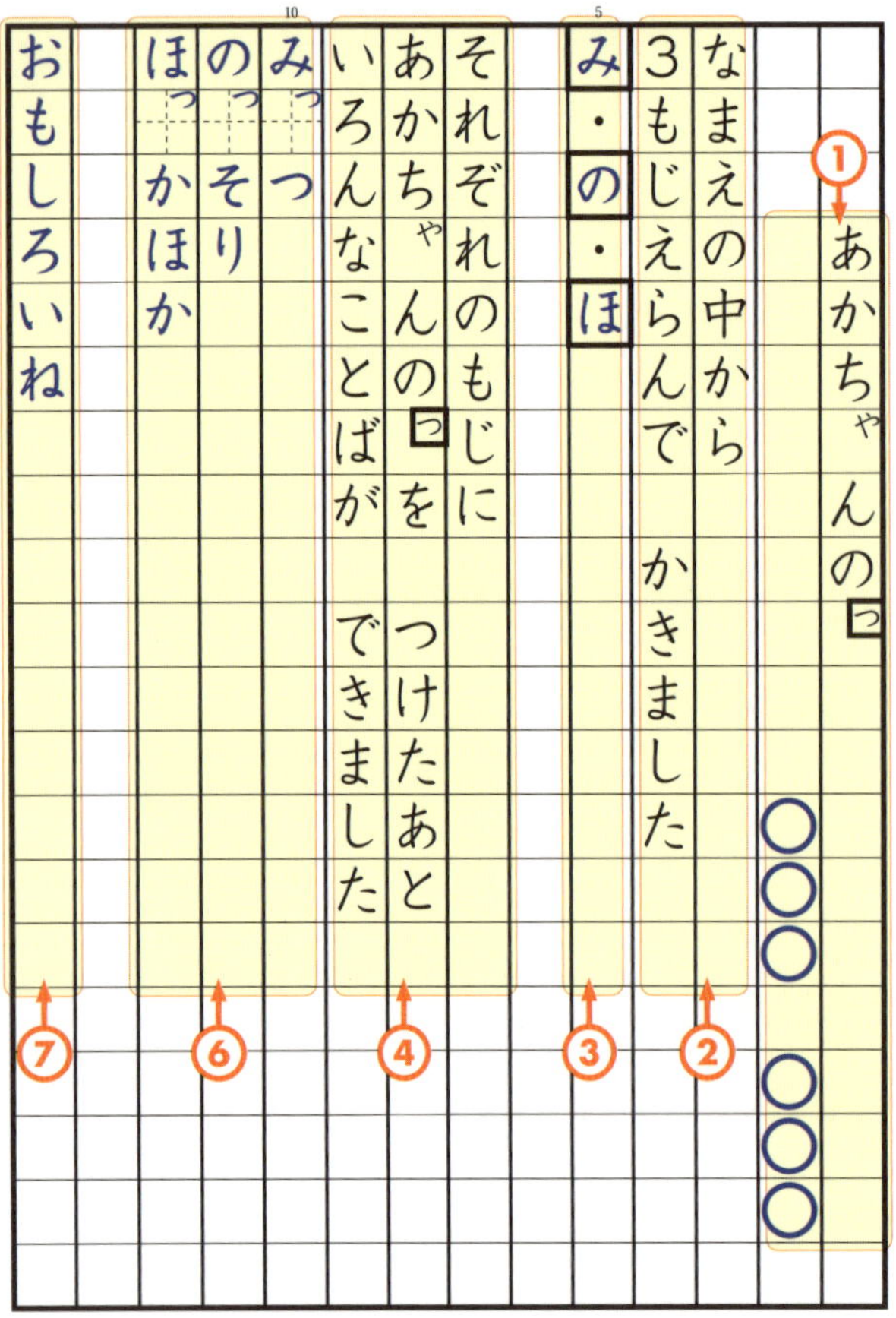

① あかちゃんの[っ]
○○○ ○○○
② なまえの中から 3もじえらんで かきました
③ み・の・ほ
④ それぞれのもじに あかちゃんの[っ]を つけたあと いろんなことばが できました
⑥ みっつ のっそり ほっかほか
⑦ おもしろいね

指導のことば

① 今日の詩の題名は何ですか。（答え：あかちゃんの[っ]）

「っ」は、マス目のどこに書いてありますか。

（黒板に正方形を書き、4分割の破線を入れる。マスの右上や左上の場所を指し、右上のとき子どもに「そこ！」と言わせる。「そうだね。右上だね。」と書く位置をおさえる。）

題名をなぞったら、2行目にひらがなで名前を書いてください。

②③ 3行目から、2行続けて一緒に読みましょう。

5行目に書くことを言います。

自分の名前の文字の中から、3文字を選んで、縦に書きます。

（例として、指導者の名前のフルネームをひらがなで板書し、その中から自由に3文字を選んで書く。上は「み・ず・の・み・ほ」から3文字「み・の・ほ」を選んだ例。）

では、みんなも、自分の名前の中から3文字選んで、書きましょう。

④⑤ 7行目から3行、ここを読みましょう。

では、まず先生がやってみます。

5行目に書いた文字を、10行目から横に3つ書きます。（み・の・ほ）

この3文字の下に、赤ちゃんの「っ」を書きます。（板書で説明する。）

ここから言葉を作ります。

「みっ」ではじまる言葉、何か知っていますか。（「みっつ」など、出た意見を板書する。）

⑥ では、みんなも10行目から横に、名前の3文字を書いて、下に赤ちゃんの「っ」を書いてください。

そして、それぞれ文字を足して、言葉に変身させてください。

（3文字は途中で変更してもよいことを話す。）

（子どもたちが書いた言葉を、机間巡視しながら紹介する。言葉を寸評しながら、子どもに「今、楽しいですか？」と話しかけ、⑦で感想を書くことにつなげる。）

⑦

最後に、1行空けて感想を書いてください。「おもしろいね」などでいいですよ。

ここをwatch!

ひらがなが読める幼児に、五十音表の「た・ち・つ・て・と」を言わせます。そのあと、「変身！」と言って、素早く「つ」を「っ」に代えます。それから「た行」を再び読ませると、多くの子が「っ」のときに声を小さくします。「字が小さいときは、声を小さくして読むのかな？」と尋ねると、考え込んでしまいます。

そこで、ひらがなの中には、「赤ちゃんの文字」に変身できる文字があること、すぐ前の文字（「お母さんの文字」と教えます）にくっついて、ちょっとジャンプして読むことを教えます。「書いてあるのに読まない」というのは、年令が低ければ低いほど理解しにくいようです。説明を工夫すると、理解できる子が増えます。

ポイント

「っ」の字は、マス目の右上に書きます。「前の文字がお母さん、小さい『っ』は赤ちゃん。赤ちゃんは、お母さんから離れないようにしましょう。」などと声がけして、書く位置を意識づけましょう。

バージョンアップ

あっさり	いっぱい	うっかり	えっちら おっちら	おっとり
かっぱ	きっぱり	くっきり	けっこん	こっそり
さっぱり	しっかり	すっきり	せっけん	そっくり
たっぷり	ちっとも	つっぱり	てっぽう	とっても
なっとう	にっこり	ぬっと	ねっこ	のっそり

はっきり	ひっこし	ふっかつ	へっちゃら	ほっそり
まっち	みっつ	むっつ	めっきり	もっきん
やっぱり		ゆっくり		ヨット
らっこ	りっぱ	るっこら	れっしゃ	ロッカー
ワックス				

【応用編】促音言葉で五十音表作り

今回は、自分の名前の文字から、促音の入った言葉（促音言葉）を作りましたが、五十音すべてから促音言葉を作る活動もできます。五十音表に考えた言葉を書き込んで、アウトプットを楽しみましょう。

なかなか言葉が出てこない文字は、みんなで意見を出し合います。友達の発表が、新たな言葉を覚えるきっかけになるかもしれません。

「を」と「ん」はもちろんありませんが、大人でもすぐに思いつかない文字は「え・ぬ・る」です。ぜひ、挑戦してみてください。

7 小さなもじ

内容 促音・拗音・拗長音のある言葉を集めて、作品を書く。

手順

1. 題名を読んで、なぞります。名前を書きます。
2. 読みます。
3. 促音・拗音・拗長音のある言葉をたくさん書きます。
4. 言葉を発表します。
5. なぞります。ひとこと感想を書きます。

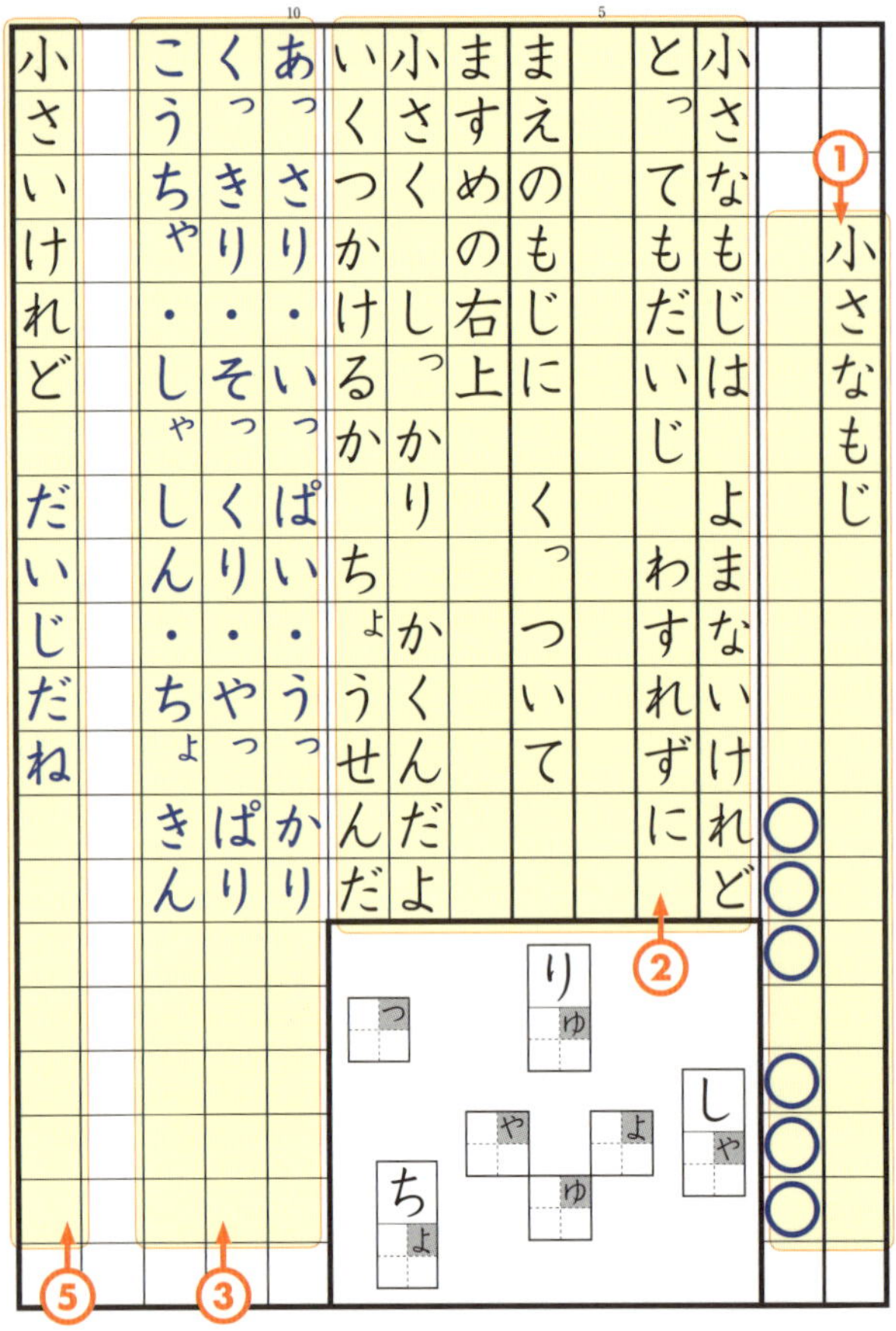

小さなもじ
小さなもじは　よまないけれど
とってもだいじ　わすれずに
まえのもじに　くっついて
ますめの右上
小さく　しっかり　かくんだよ
いくつかけるか　ちょうせんだ
あっさり・いっぱい・うっかり
くっきり・そっくり・やっぱり
こうちゃ・しゃしん・ちょきん
小さいけれど　だいじだね

マスの下の文字を参考にさせましょう。

指導のことば

① 題名を読みましょう。
題名をなぞったら、2行目に名前を書きます。

② 3行目から一緒に読みましょう。さん、はい。
もう一度先生が読みます。聞いてください。

（内容を確認させるために、指導者が読む。）

③ では、10行目から、小さな文字が入った言葉をどんどん書いていきましょう。
1行に3つ書きます。全部で9つ書きましょう。

1つ言葉が終わったら、「・」を入れます。「・」のあとに、次の言葉を書いてください。では、スタート!

（板書して「・」を書くことを説明してもよい。）

（子どもの語彙量によって、作業を終えるスピードの差が大きい。早く終わった子には、3～9行目までをなぞるように指示する。）

④ では、書いた言葉を発表してください。
（子どもから出た言葉は、「・」を使って、縦に3つ並べた形で板書する。書けない子がそのまま写せる見本として示すためである。「まだ書けていない人は、黒板を見て書いていいですよ。」と伝える。）

⑤ 最後の行、「小さいけれど」をなぞります。
この下に1マス空けて、ひとこと感想を書きましょう。

（何人かに感想を発表させ、意見を板書してから書かせてもよい。書けない子には、板書の中から、自分の思いにいちばん近いものを選ばせて視写させる。）

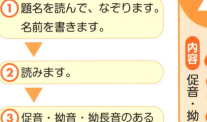

ここをwatch!

促音に限らず、拗音、拗長音などの表記は、幼児から小学校低学年までの子どもにとって難しいものです。実際に文章を書くと、促音が抜けてしまったり、通常の大きさで書いてしまったりします。

このように難しいにもかかわらず、子どもたちの使う言葉の中には、促音や拗音などの入ったものがたくさんあります。「～ちゃん」「きゅうきゅうしゃ」「ぎゅうにゅう」「リュックサック」などは、幼児の日記にもよく登場する言葉です。

この詩を書くことで、少しでも促音などの入った言葉に慣れて、興味を持ってほしいものです。

ポイント

促音や拗音、拗長音の小さな文字を書く位置は、マス目を4分割した右上です。これを、最初にきちんと指導することが大切です。

位置を意識することは、この先、漢字を覚えるときにも役立ちます。「文字の1画目をマスのどの位置から書きはじめるか」「どの方向に書き進めるか」などを理解しなければならないからです。

また、バランスのよい字を書くにも、位置を意識して見る力は役に立ちます。

指導者が黒板に文字を書くときは、枠を用意し、その中に書くようにしましょう。

バージョンアップ

ふたごちゃん

小さな文字が
2つ　つづいた
ことばもあるよ
しゅっぱつ
ちょっと
しょっぱい
…
小さなもじを　わすれずに

【応用編】小さな文字がたくさん入った言葉集め

小さな文字が2つ以上入った言葉の表記はやっかいです。しかし、逆に「宝探し」をするように、「みんなで10個見つけて、長い長い詩を書こう。」とよびかけると、一所懸命に言葉を探します。

出てきた言葉をどんどんつなげると、長い詩が完成します。「もっと見つけたい」「家でお父さんやお母さんに聞いてみる!」という気持ちが芽生えれば、大成功です。

【応用編】言葉の聞き書き

促音や拗音、拗長音の入った言葉を指導者が言い、子どもが聞いて書く「聞き書き」を行ってみましょう。

最初は、「きって」「そっと」など易しいものからはじめ、次第に「しゅっぱつ」「ごみしゅうしゅうしゃ」など、難しくしていきます。

毎日5つずつ、1週間くらい行うと、表記が子どもに定着します。

8 ぽん・ぽん・ぼん

内容 助数詞の変化を学びながら、作品を書く。

手順

① 題名を読んで、なぞります。名前を書きます。
▼
② なぞったあと、指導者が示した鉛筆の数を書きます。
▼
③「えんぴつ」と書いたあと、指導者が示した鉛筆の数を書きます。
▼
④ 読みます。
▼
⑤ ひとこと感想を書きます。

①ぽん・ほん・ぼん
○○○　○○○
②えんぴつ　いっぽん
えんぴつ　にほん
えんぴつ　さんぼん
③えんぴつ　よんほん
えんぴつ　ろっぽん
えんぴつ　ななほん

かんじでかいたら
みんなおなじ本なのに
よむとき　へんしん
⑤ふしぎだな

指導のことば

① 題名を読みましょう。何だか面白そうな題名ですね。題名をなぞったら、2行目に名前を書きます。

② 3行目から5行目まで、何と書いてありますか。（答え：えんぴつ）3行目の「えんぴつ」をなぞります。3行目だけですよ。
これから、先生が鉛筆をパッと見せます。

鉛筆が何本あるか、見てください。

わかった人は、今なぞった「えんぴつ」の下に1マス空けて、ひらがなで書いてください。

どこに書くか、マスを指で指してください。（書く位置がわかっているか、指導者が確認したり、友達どうしで見せ合ったりする。）

では、見せます。（鉛筆1本をさっと見せる。）

書いてください。

では、隣の「えんぴつ」をなぞってください。（以下、2本、3本を同じように行う。）

③ 6行目、ここからは、なぞりではありません。「えんぴつ」は、自分で書いてください。横に3つ続けて書きます。
では、また、先生が鉛筆を見せます。ちょっと本数が多くなるので、しっかり見てください。（4本、6本、7本を順次見せて書かせる。早く書けた子は、10～12行目の3行をなぞらせる。）

④ では、3行目から続けて読んでみましょう。（数や助数詞に間違いがないか、耳で確認する。）

⑤ 不思議ですね。「ぽん」になったり、「ぼん」になったり、数によって変わるんですね。注意しましょう。
最後に、ひとこと感想を書きましょう。

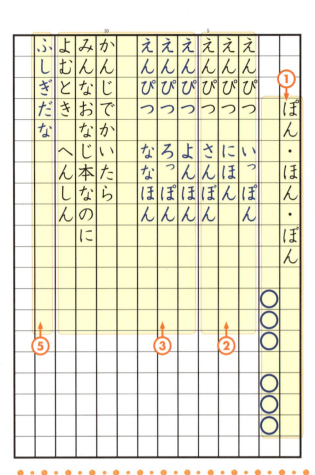

ここをwatch!

「指導のことば」の②で、指導者が子どもたちに鉛筆を見せるときが勝負です。子どもたちの視線をしっかりひきつけて、1秒見せたら隠します。（このとき、腕を伸ばして、どの子からも見えるように配慮しましょう。また、6本は「5と1」、7本は「5と2」で持つと、数がわかりやすくなります。）

クラスがシーンとして、全員の目が指導者の手元に集中した瞬間に再び見せます。手品師のように行ってください。

また、最後のひとことの感想が書けない子もいると思います。指導者は、事前にいくつか感想の言葉を考えておき、それを板書しましょう。慣れてくると、子どもが自分で少しアレンジして、感想を書くようになってきます。

〈感想の例〉　面白い・かっこいい・いいなあ　など

ポイント❶

鉛筆の数を「4・6・7」と「5」を抜かすのは、子どもの想像を裏切るためです。子どもは「4の次は5だろう」と考えて油断しています。ここで「6」にすることで、気を抜かずに続けることができます。また、飽きを防ぐことにもつながります。

ポイント❷

ひらがなのうち、幼児が上手に書けない文字の代表に、「え」と「ん」があります。斜めの線が書けないことと、「え」の最後が「ん」と同じになり、止められないことが原因です。

今回の「ぽん・ほん・ぼん」は「え」と「ん」の文字練習もできます。

「えんぴつ」を3回なぞったあと、子どもが直筆で書いた字形をチェックしましょう。もし多くの子の字形が乱れていたなら、改めて一斉指導する必要があります。

　　ぽん・ほん・ぼん

えんぴつ　いっぽん　一本
えんぴつ　にほん　二本
えんぴつ　さんぼん　三本
えんぴつ　よんほん　四本
えんぴつ　ろっぽん　六本
えんぴつ　ななほん　七本

かんじでかいたら
みんなおなじ　本なのに
よむとき　へんしん
ふしぎだな

バージョンアップ

できた詩の本数の下に、1マス空けて、漢字で書いてみましょう。

さらに、漢字をその数だけ書かせると、漢字の練習にも、早く終わった子への課題にもなります。

えんぴつ　いっぽん　一本
えんぴつ　にほん　二本　二本
えんぴつ　さんぼん　三本　三本　三本

【応用編】他の助数詞で実践

「えんぴつ」と同じように、ひらがなで書くと助数詞が変わる「さかな」（匹）もやってみましょう。

幼児期に使う助数詞は、ほとんどが「こ」です。しかし、算数の学習を進めるうえでも、日常生活で目にするものの助数詞を知っておくことは大切です。

紙・皿→枚
バス・自転車→台　など

　　ぴき・ひき・びき
さかなが　いっぴき
さかなが　にひき
さかなが　さんびき
……

9 おでかけ

内容 表記に気をつけて、自分で決めた内容を書く。

手順

① 題名を読んで、なぞります。名前を書きます。
▼
② 読んだあと、自分で決めた「集合場所」を書きます。
▼
③ 読んだあと、自分で決めた「集合時刻」を書きます。
▼
④ 読んだあと、「持ち物」「目指す場所」を書きます。
▼
⑤ 読んだあと、「一緒に行きたい人」を書きます。
▼
⑥ ひとこと感想を書きます。

おでかけ
○○○ ○○○ ○○○
しゅうごうばしょは
にしぐちこうえん
しゅうごうじこくは
あさ6じ
リュックに おやつ（と、おべんとう）を
しっかりつめて
じょうどがはま めざして
しゅっぱつだ

いっしょにいくのは
えみちゃんとゆうじくん
わくわくするよ

指導のことば

① 題名を読みましょう。
題名をなぞったら、2行目に名前を書きます。

② 今日の詩「おでかけ」は、行きたいところや一緒に行きたい人を、自分で決められます。一緒に読みながら、マスの空いているところにきたら、パッと書いてください。
まず、3行目を読みましょう。（一斉に1行読む。）
集合場所を決めます。どこにするか、4行目に書いてください。
（早く書けた子には、3行目をなぞらせておく。以下も同様。）

③ 次を読みます。（1行だけ読む。集合場所を書いていた子も、3行目をなぞっていた子も、読む作業に移る。）
さあ、集まる時刻は、何時にしますか。数字で書いてください。

④ 今度は、続けて4行読みます。（空いているところは、リズムよく、間をとって読む。）
リュックに、しっかり入れるものと、目指す場所を書いてください。

⑤ 最後の1行（12行目）を読みます。
1人でも2人でもいいです。隣の行に、縦に並べて、一緒に行きたい人の名前を書きましょう。

⑥ 最後に、本当に出かけることを思い浮かべて、そのときの気持ちを想像して、ひとこと書きましょう。

★ みんなは、何時に、どこに、集まって、誰と、どこへ行きたいのでしょうか。先生は、とても楽しみです。
では、発表してもらいます。（子どもが書いているときに、机間巡視をしておく。面白い作品を書いている子がいたり、ふだん発表しない子が書けていたりしたら指名する。）

ここをwatch!

通常の学習は、教えられたことを、教えられたとおり、きちんと行うことがほとんどです。どうしても受身になります。

そんな中で、「自分で決めていいよ!」と言われると、幼児でも目の色が変わる子がいます。俄然《がぜん》、やる気になるのです。

やってみたいと思っていなくても、「選んで!」と言われた瞬間に、気持ちが動くのが人間です。

自分で考えて、決めて、そして書いたときに、「とっても上手!」と褒めると、書くことが好きになるように思います。

ポイント

「しゅっぱつ」という言葉を耳で聞いたとき、1年生で意味がわからない子はいないでしょう。読めない子もわずかだと思います。でも、正しく書けない子はたくさんいると思います。

この教材の指導法のように、「目で見る」「発音する」「耳で聞く」という3つの部分を連動させることが、学びの定着につながります。子どもの記憶にしっかり残るようになるのです。

さらに効果を上げるには、作品が書き終わったあと、次のような学習を行うとよいでしょう。

①促音や拗音、拗長音の入った言葉を四角で囲む。

②言葉をノートに書き写す。

バージョンアップ

教材では、助詞の「は」が、○で囲んであります。次の「⑩はる」で、助詞の「は」を学ぶので、その先行体験としています。

時間に余裕があったら、なぜ、「は」が○で囲まれているのか、子どもたちに考えさせてみましょう。

そして、他の言葉にくっついた「は」は、読むときには「ワ」となることをおさえましょう。

【応用編】聞き書きで表記力アップ

書く内容を自分で決めるのではなく、促音や拗音、拗長音の入った言葉を「聞き書き」させる方法もあります。

聞き書きさせることで、自分が作文を書くときに、頭に浮かんだ単語を間違いなく書けるようになります。なぞりや視写は、機械的に行ってしまうこともありますが、聞き書きは、頭に思い浮かべて書くので、自分でしっかり考えるようになります。

とっきゅうれっしゃにのりこんで
しんじゅくえきをしゅっぱつだ
かぞくみんなでりょこうにいくよ
いきさきは

▶このように促音や拗音、拗長音の入った言葉を、意図的に多くした教材で、聞き書きするのも効果的。

10 はる

内容 助詞の決まりを学びながら、作品を書く。

はる
〇〇〇　〇〇〇
はっぱは　みどり
はなは　あか
ちょうちょは　きいろ
そらは　あお
こうえん　はしって
はなばたけ
はるは　きれいな　いろばかり

手順

① 題名を確認し、なぞります。名前を書きます。
▼
② 読みます。
▼
③ 助詞の「は」をなぞります。
▼
④ 色を書きます。
▼
⑤ ひとこと思いを書きます。

助詞の「は」は、
繰り返し
練習しましょう。

指導のことば

① 題名は何ですか。（答え：はる）
題名をなぞって、2行目に名前を書いてください。

② 3行目から最後まで、みんなで読んでみましょう。
（空いているところは、文字があるつもりでリズムに乗って読む。また、助詞の「は」に注意して読む。読み方を間違えた子、自信のない子がいないか、よく見ておく。）

③ この詩には、「は」の字がたくさんあります。みんな、読み方を間違えませんでしたね。では、「は」と書いて、「ワ」と読む、くっつきの「は」だけをなぞりましょう。
（最初に一斉に読んでおくことで、自信のない子もここで間違えずに取り組める。）

④ 「はっぱは」の下、1マス空けて、色を書きます。何色を想像しますか。春の葉っぱの色を思い浮かべて書きましょう。
（以下、「はな」から「そら」まで同様にする。早く書けた子には、「は」以外の文字をなぞらせておく。）

⑤ 最後は、みんなの気持ちを書きます。「こうえん　はしって　はなばたけ　はるは…」に続く言葉を、1マス空けて書きましょう。
（何人かに発表させ、意見を板書してから書かせてもよい。「春ってどんな感じかな。」「春になると、どんな気持ちになるかな。」と助言してもよい。）

ここをwatch!

幼児に、助詞の「は」や「へ」を教えるときは、「わたしは」「はっぱは」「いけへ」などのフラッシュカードを作ります。指導者が素早く見せながら読んで、子どもに復唱させます。

理屈で説明するのではなく、視覚・聴覚・子ども自身の読みの3つを連動させ、感覚的につかめるようにしていきます。

ただ、読むのはできても、書くときには「わ」になってしまう子も少なくありません。繰り返し教えることが重要です。

教科書の文章を使い、助詞の前の単語は□で、助詞の「は」「へ」は○で囲み、読むのもよいでしょう。徐々にくっつきの文字のルールがわかってきます。

例　はなびらは　ひらひらと　いけへおちた。
へびは　ほそいみちを　やまへむかって　すすんだ。

わたしは

はっぱは

いけへ

ポイント1

「③いろ」のときには、言葉から色のイメージを書きました。ここでは、実際に目にするものの色を書きます。

しかし、子どもたち全員が同じ色を書くことはありません。ぜひ、何色と書くか、注目してみてください。オーソドックスなものを書く子ばかりではないはずです。

「なぜ?」と思った色があったら、子どもに理由を聞いてみましょう。その子のものの考え方が、少しわかるかもしれません。

また、どんな考えがあったかを紙にまとめたり、発表させて黒板に書き出したりすると、「同じものを見ても、感じ方は同じではない」と、子どもたちも自然に理解できると思います。

ポイント2

「五十音表の各行のうち、すごい行はどれでしょう?」と子どもたちに聞くことがあります。皆さんはいかがですか。私は、「は行」だと思います。

なぜなら、

・濁音・半濁音になる(=おしゃれ)
・助詞の「は・へ」の読みが変わる(=変身ができる)
・大事な家族の名称がある(=母・パパ・婆〈ばぁば〉)

からです。

幼児に、濁音・半濁音を教えるときには、「『は行』は、とってもおしゃれ。だから、髪にピン止めや飾りをつけるように、文字の右上に濁点や半濁点をつけます。読み方も変わります。」と説明します。

すると、子どもたちは「他にもすごい行はないかなあ」という思いで、五十音表を見るようになります。それが、言葉への気づきや発見につながります。

11 ゆきのやま

内容 五十音表を見ながら、作品を書く。

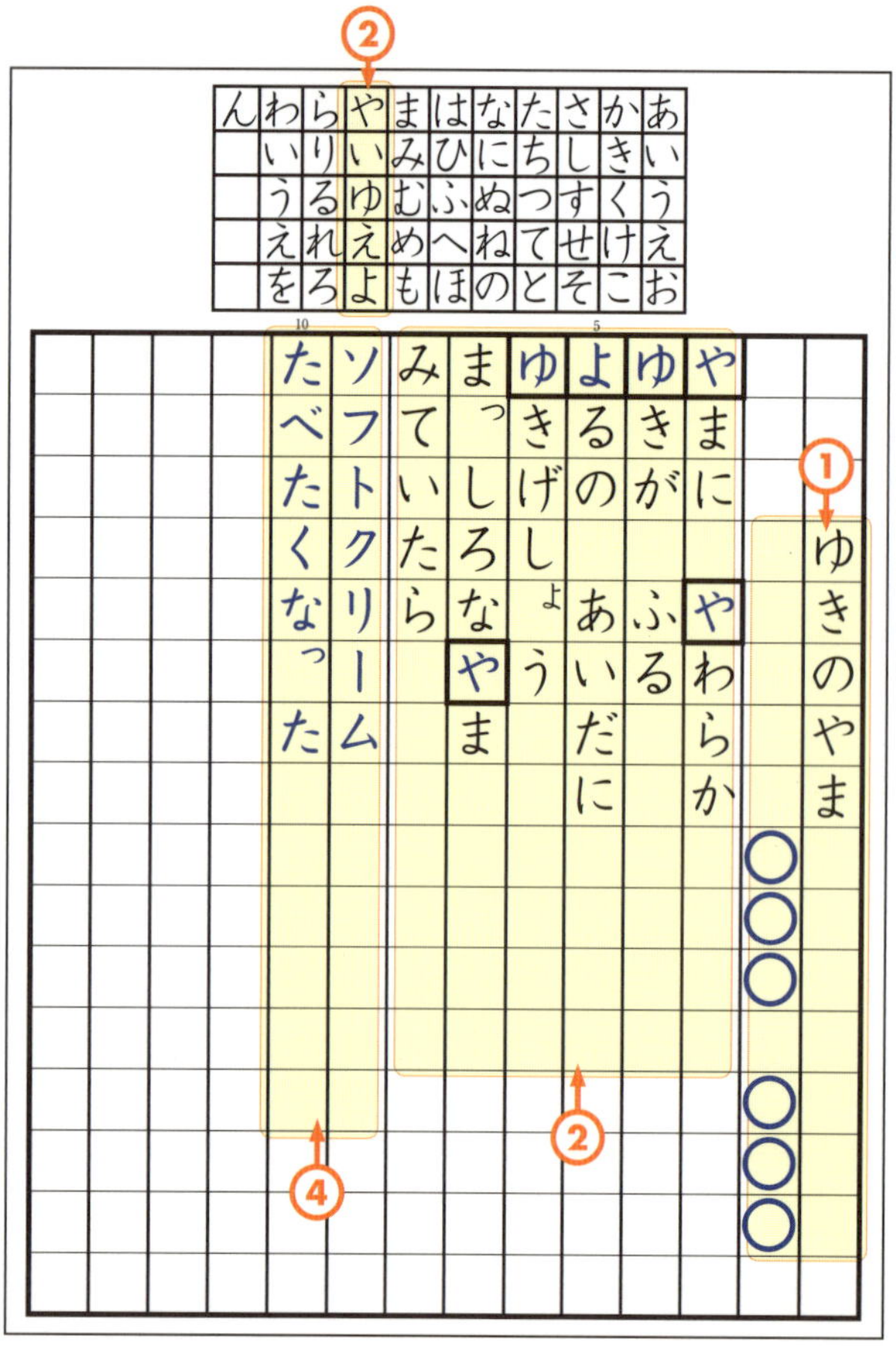

あかさたなはまやらわん
いきしちにひみいりい
うくすつぬふむゆるう
えけせてねへめえれえ
おこそとのほもよろを
ゆきのやま
○○○ ○○○
やまに やわらか
ゆきが ふる
よるの あいだに
ゆきげしょう
まっしろな やま
みていたら
ソフトクリーム
たべたくなった
①
②
②
④

手順

① 題名を確認し、なぞります。名前を書きます。

② 四角に入る文字を考えて書きます。

③ 四角に入る文字を入れて読みます。

④ 雪山を思い浮かべて、ひとこと思いを書きます。

語彙の豊富な子には、ヒントなしでもよいでしょう。

指導のことば

① 題名は何ですか。（答え：ゆきのやま）
題名をなぞって、2行目に名前を書いてください。

② 先生が、一度読んでみます。
（空いているところは、文字があるつもりでリズムに乗って読む。）
四角に文字が入らないと、意味がわからないですね。
今日は、みんなに、6つの四角に入る文字を見つけてもらいます。
上の五十音表から探して、書きましょう。
（様子を見て、次のヒントを出すとよい。）
ヒントを出します。
上の五十音表の「や行」を、長四角で囲んでください。
6つの四角に入る文字は、「や行」の文字のどれかです。
読みながら、書いてみましょう。
（早く書けた子には、文字をなぞらせる。）

③ みんなの書いた文字があっているか、3行目から一緒に読んでみましょう。
（書けていなかった子も、一斉に読むことで、答えがわかる。）

④ では、頭の中に、真っ白な雪に覆われた山を思い浮かべてください。
そんな山を見ていたら、どんな気持ちになりますか。
何を思い浮かべますか。
頭に浮かんだことを、最後の「みていたら」の次の行に、書いてください。

★ （終わったら、子どもたちに自分の書いた文を読む練習をさせたり、発表させたりしてもよい。）

ここをwatch!

6つの四角に文字を入れるとき、直感的に要領よく入れられる子と、いつも「や」から順番に入れていき、時間がかかる子がいます。

学習においては、要領のよさがないと、時間内に終わらないことも多々あります。このような教材を通して、「前後から言葉を連想する」など、効率よいやり方をつかんでくれたらと思います。

最後の文を書くときは、子ども1人ずつを見る時間にするとよいでしょう。早く終わらせたい子、考えても思い浮かばない子、自分の世界に入ってしまい、書く意識がなくなる子などがいます。「何を、どのように書いているか」が、子どもの今の状況を表すように思います。

ポイント

「や」と「よ」は、なかなか字形が整いません。特に「や」は、幼児では7割程度の子が、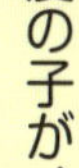のように書きます。そのため、「か」と「や」が、同じようになってしまいます。

21ページにあるように、4分割の補助線の入ったマスで練習しましょう。書く文字をイメージさせ、マスのどこに向かって書くのかを気づかせます。次のように言語化してもよいでしょう。

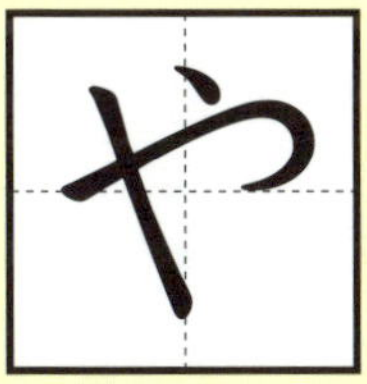

▲1筆目、少し上向きに細い「つ」。3筆目、左上から真ん中下に。

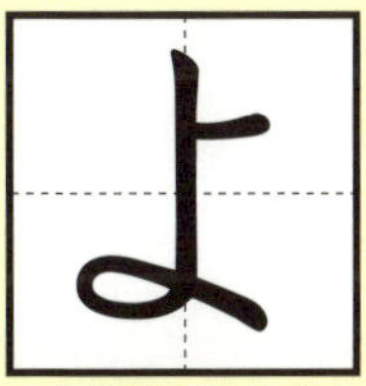

▲1筆目、真ん中から右に短く。2筆目、真ん中上から下でクルリンストップ。

バージョンアップ

言葉を考えたり探したりするのが苦手な子には、五十音表のうちの「や行」を、指導者が長四角で囲んであげます。できる子には1人ですべてやらせます。このような形をとると、作業の時間差が解消されます。

また、教材の文をスラスラ読めるような子には、ヒントの「や行」を教えずに、考えさせてもよいでしょう。題名から推測したり、詩を繰り返し読み、文脈から考えたりするようになります。

【応用編】ゲームのように文字を探そう

「ゆきのやま」は、ゲームのような感覚でできる教材です。他の行でも、ヒントがあれば、たいてい答えられます。

ば行

おべんとうを　たべてたら
はちが　ぶんぶん
とんできて
ぼくの　バナナを
なめちゃった

どんな気持ちか、書きましょう。

な行

なみだに　ぬれてる
こねこのめ
まいごに　なったの
かわいそう

よびかける言葉を、書きましょう。

12 ゆめ

内容 下書き→清書のステップで、作品を書く。

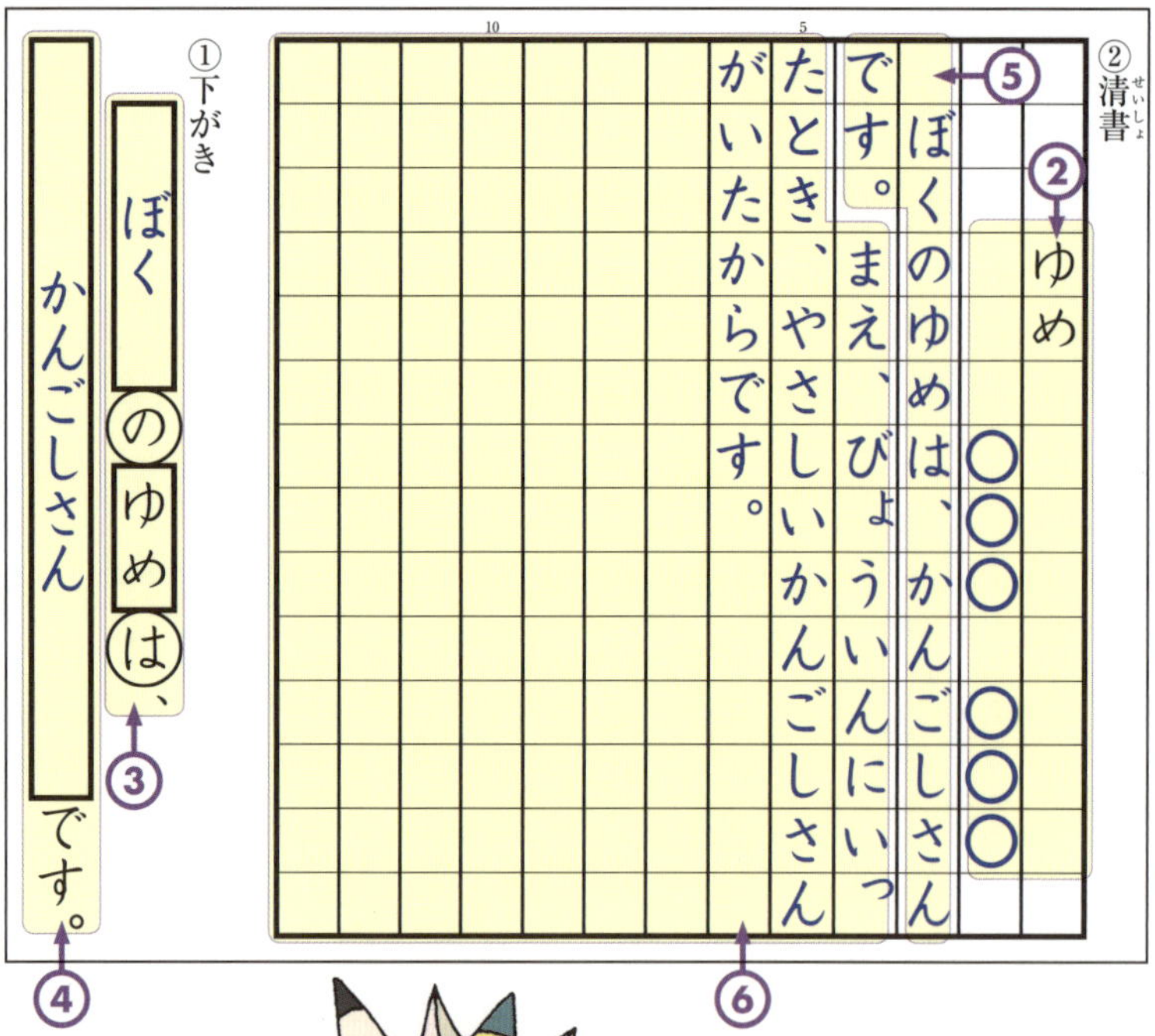

②清書《せいしょ》
ゆめ
○○○ ○○○
ぼくのゆめは、かんごしさん
です。まえ、びょういんにいっ
たとき、やさしいかんごしさん
がいたからです。
①下がき
ぼく のゆめは、
かんごしさん
です。

手順

① 作文例を指導者が読み、「ゆめ」を考えさせます。

② 題名をなぞります。名前を書きます。

③ 下書きを書いたり、なぞったりします。

④ 考えた「ゆめ」を下書きに書きます。

⑤ 左から右に清書します。

⑥ 続きを書きます。

下書きが清書の左にあるのは、書き写しやすいようにです。

指導のことば

① まず、年長さんの女の子の作文を聞いてください。
（教材を配る前に、左ページの作文例①を指導者が音読する。）

みんなも、大きくなったら、「こんなことをやりたい」とか、「こんな仕事をしたい」という「ゆめ」があると思います。

手を挙げて、教えてください。

（出てきたものを横一列に板書する。）

② 今日は、これら（板書の「ゆめ」）を作文にします。
（プリントを配布する。）

題名の「ゆめ」をなぞったら、隣の行に名前を書いてください。

③ 左側の「①下がき」を見てください。
発表会や運動会の本番前にリハーサルがあるように、作文も本番前にリハーサルがあります。これを、下書きといいます。

そして、本番を、清書といいます。右側の②です。

下書きをしてから、右側の清書に写します。

下書きの最初の四角には、男の子は「ぼく」、女の子は「わたし」と書きます。

次の「のゆめは、」はなぞります。

今、なぞったところまで、読んでみましょう。（男女別に読む。）

④ 次に、その隣の行に、「何になりたいか」を書きます。
「です。」はなぞります。

さっきの作文や、黒板にある「ゆめ」も参考にしてください。

（書いたあと、何人か発表させるとよい。）

⑤ では、いよいよ本番、清書です。
右側の清書のマス目に、今書いた下書きを引っ越しさせます。

作文例①

大きくなったら　　6歳　女子

わたしは、大きくなったら、絵かきさんになりたいです。絵をかくのが、すきだからです。

いろいろないろで、がようしに、絵をかいていると、ワクワクして、とても楽しくなります。

みんなが、わたしのかいた絵を見て、楽しくなる絵を、たくさんかきたいです。

目の見えにくい人にも、さわってわかる絵を作りたいです。

「どんな人でも、みんな、わたしのかいた絵を、見たりさわったりして、よろこんでくれたらいいな。」とおもいます。

そんな絵がかけるように、たくさんれんしゅうしておきたいです。

作文例②

お母さんの夢　　1年　男子

ぼくは、お母さんに

「小さいころ、なにになりたかった？」

と聞きました。するとお母さんは、

「いろいろなものになりたかったよ。おつかいでクリーニング屋さんにいくとクリーニング屋さんになりたいと思ったし、遠足でステキなバスガイドさんを見れば、バスガイドさんになりたいと思ったし、かぞくでレストランへいけば、ウェイトレスさんになりたいと思ったよ。」

と言いました。だからぼくは、

「そうしたら、お母さんの夢はかなわなかったんだね。」

と言うと、お母さんは、

「ううん、ぜんぶかなったよ。」

と言いました。だからぼくは、

「どうして？」

と聞きました。するとお母さんは、

「だって、お父さんのYシャツにアイロンをあててるときは、クリーニング屋さんになった気になるし、ゆう君に勉強をおしえているときは学校の先生になった気になるし、お父さんの車にのれば、お母さんはバスガイドよ。そして、みんなに食事をだすときは、ウェイトレスさんになった気分よ。」

と言いました。

大人っていいなあ。

引っ越すときは、小さな点や丸（句読点）を忘れずに書くこと、言葉の区切りでまとめて写すことに注意します。

最初の1マスは空けて書きましょう。

（黒板にマス目を書き、見本を示す。）

⑥ 引っ越しが終わったら、続きを書きます。

なぜ、その「ゆめ」を持っているのかを書きましょう。

「ナニナニだからです。」という文にするとよいですよ。

バージョンアップ

【応用編】インタビューから作文

自分の夢を書いたら、上の作文例②を紹介します。そして、家の人に、「小さい頃、何になりたかったの？」とインタビューさせ、作文にするのもお勧めです。次のような「作文の型」を示してもよいでしょう。

〈作文の型〉

かぞくに、小さいころ、なにになりたかったか、ききました。おかあさんは、「〇〇になりたかった。」といいました。おとうさんは、「△△。」といいました。それをきいて、わたしは、「〜」と……

理由を聞いたり、夢を聞いた感想を書いたりすると、作文の内容が膨らみます。また、家族の小さい頃の夢を聞くことは、子どもにとって、ちょっとワクワクすることです。

13 まいあさ すること

内容 日常的なことを思い出して、下書き→清書で作品を書く。

手順

① 題名をなぞります。名前を書きます。

▼

② 下書きを書いたり、なぞったりします。

▼

③ 下書きを読みます。

▼

④「毎朝すること」を下書きに書きます。

▼

⑤ 左から右に清書します。

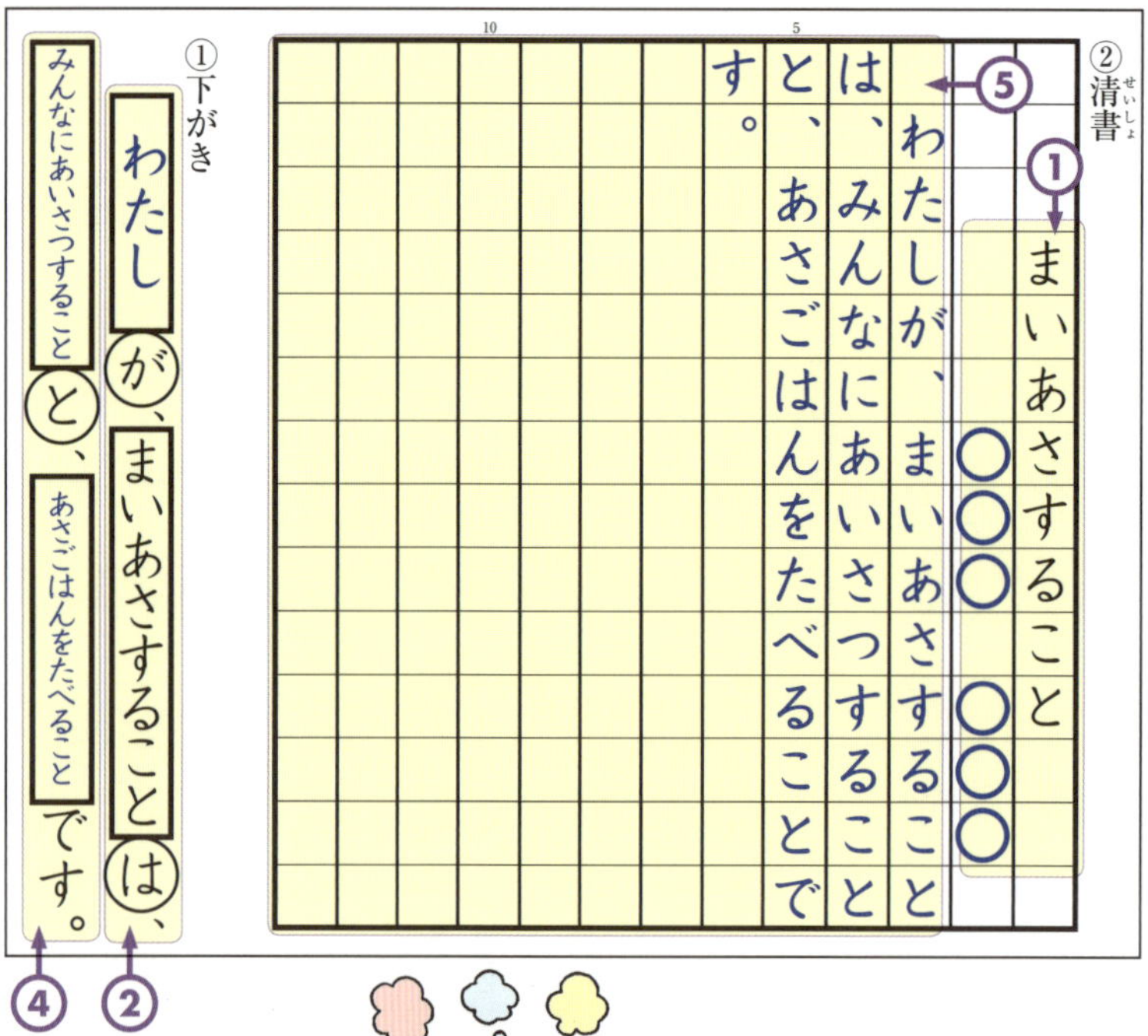
② 清書《せいしょ》
まいあさすること
○○○
○○○
わたしが、まいあさすること
は、みんなにあいさつすること
と、あさごはんをたべることで
す。
① 下がき
わたし が、まいあさすること は、
みんなにあいさつすること と、あさごはんをたべること です。
①
②
④
⑤

最初の1マスを空けて書くことを確認しましょう。

指導のことば

① 今日は、「毎朝していること」を思い出して、作文にします。毎朝やっていることだから、すぐに思い出せると思います。はじめに、題名をなぞり、名前を書きましょう。

② では、「下書き」と「清書」を書きます。「リハーサル」は、どちらか覚えていますか。（答え：下書き）（前回の確認をする。）
思い出せたら、下書きに書いていきます。
下書きのいちばん上の四角は、男の子は「ぼく」、女の子は「わたし」と書きます。
次の「が、まいあさすることは、」はなぞります。どうぞ。

③ 今、なぞったところまで、読んでみましょう。（男女別に読む。）

④ 次の行の2つの四角には、毎朝やっていることの中から、2つ選んで書きます。
「○○と○○です。」という文になりましたか。
薄い字や点、丸も、忘れずになぞってください。

⑤ では、本番。清書です。
マス目の最初の1マスはどうしますか。（答え：空ける）
下書きから清書に引っ越すときは、何に注意するのでしたか。
（答え：小さな点や丸を忘れずに写す。言葉をまとめて写す。）
（前回の確認をする。）
では、清書を書いてください。

★ 終わったら、続けて「ほかに毎朝すること」を書きましょう。
「ほかにすることは、○○です。」と書きます。

ここをwatch!

学習において、「視写」はとても大事ですが、小学校低学年までは書き写し方が身についていません。

幼児に説明するときは、積み木などを置いて、「左のかごから、右のかごに引っ越しします。なるべく早く移すには、どうしたらいいかな?」と尋ねます。

実際に子どもにやらせると、いっぺんに沢山つかんで移動し、途中で落とす子がいます。そこで、「たくさん積み木をつかむと落としてしまいますね。でも、1つずつ引っ越しすると、時間がかかりますね。」と言います。

最終的に、「視写」も1文字ずつではなく、単語や文節単位で書き写すとよいこと、1文を一気に書き写すのは難しいことなどを説明します。

ポイント

いきなり子どもに作文を書かせると、誤字脱字はもちろんのこと、言い回しのおかしいところが出て、何度も消しゴムを使うはめになります。時間もかかり、用紙も汚くなってしまいます。

そこで、作文を書くときは、発表会などの「リハーサル」「本番」にたとえて、「下書き」「清書」をすることを、早いうちから定着させましょう。

下書きは「自分が読めればよい字」、清書は「心をこめて丁寧に書く字」と分けましょう。清書のときは、意識して丁寧に書くようになります。

また、下書きがあると、たくさんのマス目に書くよりも抵抗感が減り、子どもが取り組みやすくなります。

バージョンアップ

まいあさすること

　わたしが、まいあさすること
は、はみがきと、かおをあらう
ことです。ほかにすることは、
げんかんにいって、しんぶんを
とってくることです。きょうの
しんぶんは、ビニールぶくろに
はいっていました。
「あれ。きょうは、あめがふっ

余力がある子には、「ほかにすること」の続きをどんどん書かせましょう。

たくさん思い出したことを褒めると、思い出すことが楽しくなり、長い文章を書くことに通じていきます。

【応用編】「まいばん」&「がっこう」バージョン

このままの文型で、「まいばんすること」を作文にしてみましょう。

また、「がっこうで、まいにちすること」も、面白い作品が生まれます。

まいばんすること

　わたしが、まいばんすること
は、トイレにいくことと、はみ
がきです。ほかにすることは、
ねることです。でも、はみがき
は、たまにわすれてしまいそう
になります。
もう、ふとんのなかなのに、

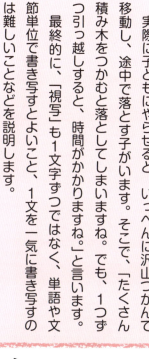

14 カラスの気もち

内容　絵を読み取り、気持ちを想像して書く。

手順

① 題名を確認し、なぞります。名前を書きます。

② 指導者の質問に答えます。

③ 空いているところに言葉や数を書きます。

④ 読みます。

⑤ カラスの気持ちを想像して続きを書きます。

カラスの気もち

○○○　○○○

つくえの上に、かきが3こ、あります。そ
れを、木のえだにとまったカラスが、じっと
見ています。カラスは、たべたいなあとおも
いました。

指導のことば

① 今日は、絵を見て、作文を書きます。
題名は何ですか。（答え：カラスの気もち）
題名をなぞって、2行目に名前を書いてください。

② 作文を書く前に、先生が質問をします。絵を見て答えてください。
・机の上には、何がありますか。（答え：柿）
・いくつありますか。（答え：3つ）
・窓の外にいるのは、何ですか。（答え：カラス）
・何を見ていますか。（答え：柿など）
・カラスは何にとまっていますか。（答え：木の枝）

③ では、読みながら、文の空いているところ（太い四角）に、言葉や数を書いてください。
（3分くらい時間をとる。その間に、書くのが止まってしまった子をサポートする。早く終わった子には、文をなぞる指示をする。）

④ みんなで読んでみましょう。（「カラスは、」まで読む。）
ここで作文が終わったら変ですね。

⑤ カラスは、窓の外から、じっと柿を見ていますね。
さあ、どんなことを思っているか、想像してみましょう。

「カラスは、」に続けて、書いてみましょう。

（書けない子には、次のような例を示す。

例1　カラスは、1こでもいいから、食べたいなあと思いました。

例2　カラスは、柿が食べたいので、窓を開けようとしました。）

（カラスの気持ちを書いたあとには、「とおもいました。」「としました。」などの言葉が必要なことに、音読を通して気づかせる。）

★ 「カラスは、」の文が書けたら、続きを書きましょう。

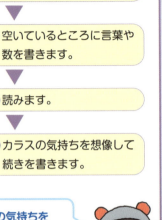

ここをwatch!

幼児や小学生には、人の立場に立って考えるということがとても苦手な子がいます。自分の立場では考えられるけれども、「仮定する」というのが苦手なようです。

夏休みに感想文の指導をしたとき、課題図書の内容が、「食事も満足にとれない貧しい生活の兄弟の話」や「家のない子の話」だったことがありました。現在、恵まれた生活をしている子どもたちは、なかなか主人公の気持ちを想像することができなかったようです。

今回のような簡単な題材を通して、自分とは違う視点で考える機会を持ち、想像する力を育てていくことが必要だと思います。

ポイント

読解して文章を書く場合、「自分の考えや思い」と内容とのリンクがなければなりません。ただ、自分の思いを書けばいいわけではないのです。

この教材では、「カラスが、じっと見ています。」という文があり、絵でも表現されています。

つまり、カラスが柿に対して興味を持っていることを前提に書かなくてはいけません。

自分は柿が嫌いだからといって、「かきは、きらいです。」などと書くと、カラスの立場からは外れてしまいます。

文章や絵を丁寧に読み取り、内容に当てはまるような作文が書けるようにしていきましょう。

作文を書くコツ

シングルエイジの子どもたちは、やはり忙しいのでしょうか。日常生活の中でも、前へ前へと先を見ることが多く、あまり過去を振り返りません。

そのためか、脱いだ靴は脱ぎっぱなし、使った椅子は出しっぱなし、ドアの閉め忘れ……なども多く見受けられます。

しかし、日常生活において、自分の行動を「振り返る」ことも大切なのではないでしょうか。

実は、日記や作文を書くには、「振り返る」ことが必要です。しかし、慣れないうちは、子どもはそれを面倒に感じてしまいます。

最初は、できるだけ「振り返る」「思い出す」ことが、楽なテーマで作文を書きましょう。

「⑬まいあさすること」は誰でも思い出せますし、「⑭カラスの気もち」も、絵を見ながらすぐに取り組めます。

簡単なこと、身近なことで、思い出すのを楽しむことが、日記・作文書きの第一歩です。

15 サルの気もち

内容　写真の動物の気持ちを想像して書く。

手順

① 名前を書きます。
▼
② 写真のサルの気持ちを想像して、発表します。
▼
③ サルの気持ちを書きます。
▼
④ 題名をつけます。

作文を書いてから
題名をつけると
内容に合ったものに
なります。

④ しょんぼりさる子

① ○○○　○○○

③ 　サルのさる子は、かけっこがにがてです。いつもみんなにおいていかれてしまうので、なやんでいます。

指導のことば

① 今日は、写真を見て、作文を書きます。

題名は、最後に考えて書きます。

2行目に名前を書いてください。

② 写真のサル、元気がないですね。どうしたのでしょう。

このサルが心の中で、どんなことを思っているのか、ひらめいた人は教えてください。

（出た意見を板書していく。

例「どうしたら木登りがうまくできるかな。」「ひとりじゃつまらないな。」「おなかすいたな。」など）

（サルに名前をつけたり、サルの独り言として言わせたり、子どもにとって身近で、想像しやすい環境をつくる。

10分程度時間をとって、子どもたちで話し合いをさせてもよい。

1人で書けそうなら、意見発表なしで、そのまま書かせる。）

③ では、黒板の意見も参考にして、サルの気持ちを書きましょう。

④ 今日は、題名を自分で考えて書きます。

「サルの気もち」でもよいですが、自分の考えを込めた題名にしてみましょう。

サルに話しかけるような題名でもいいですね。

では、題名を考えてください。マス目の1行目、上から3マス空けて書きます。（3分程度）

（この間に机間巡視し、書けていない子へのサポートをする。）

★ 書けた人に読んでもらいます。

題名から、しっかり読んでください。

ここをwatch!

うなだれているサルの写真を見て、子どもが想像することはさまざまです。

おおよそは、「怒られた」「失敗した」「ひとりぼっち」など、子ども自身、自分が元気がなかったときのことを思い浮かべるようです。

また、サルが何かうまくできなくて、落ち込んでいる設定だとして、その気持ちを、「うんざりしている」と考える子と、「どうするとできるのか、考えている」と考える子がいます。

たった1枚の写真から書いた文章でも、子どもたちの心や性格が見えるように思います。

ポイント❶

題名をつけるときは、できあがった文章を何度か読ませましょう。内容にぴったりの題名を考えることが目的です。

題名が思い浮かばない子には、まわりの子どもの発表を聞かせると勉強になります。指導者自身も、事前にいくつか考えておくとよいでしょう。

ポイント❷

サルの気持ちが書けないときや、題名がつけられないときもあると思います。あまり気にせず、例を書き写させるなど、長い目で見守りましょう。

そして、できたときに褒めることが重要です。「次も頑張ろう」という意識につながります。

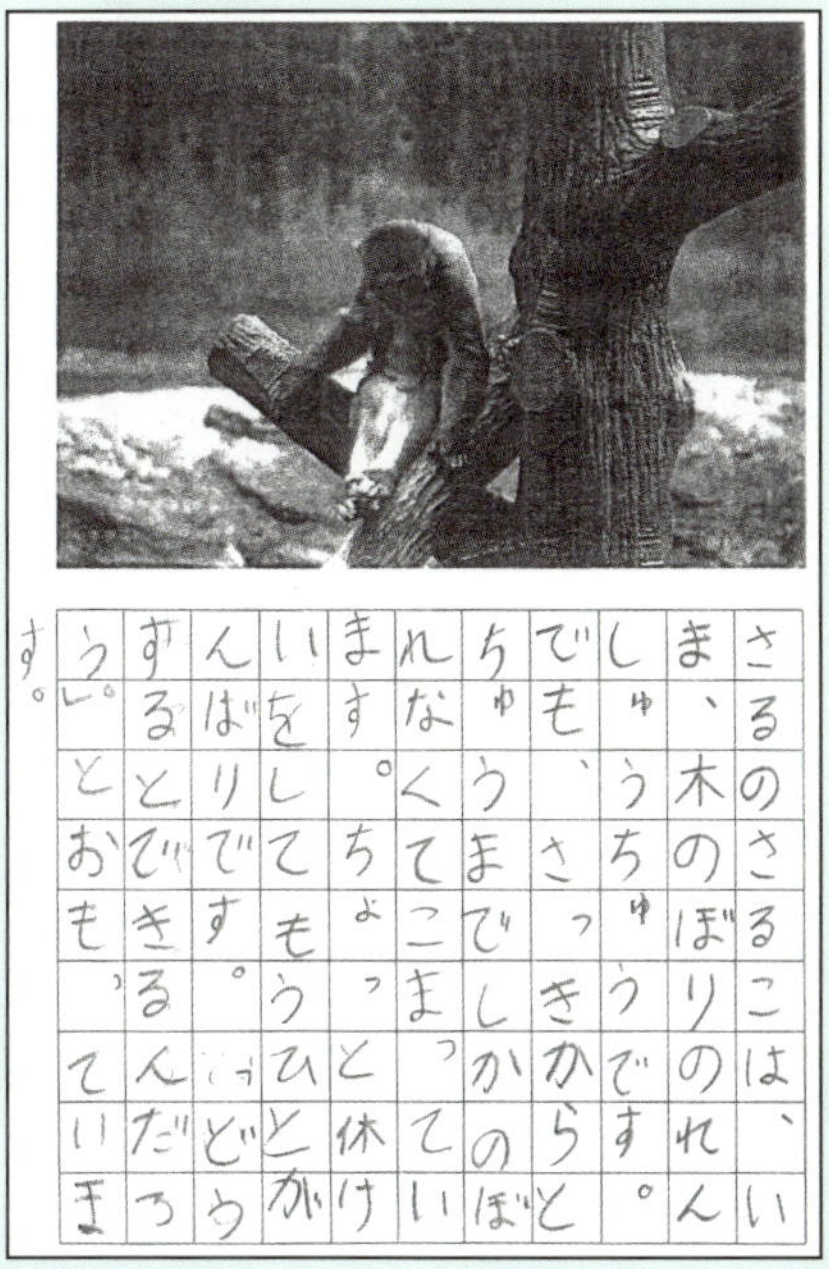

さるのさるこは、い
ま、木のぼりのれん
しゅうちゅうです。
でも、さっきからと
ちゅうまでしかのぼ
れなくてこまってい
ます。ちょっと休け
いをしてもうひとが
んばりです。「どう
するとできるんだろ
う。」とおもっていま
す。

バージョンアップ

上は、サルに「さる子」と名前をつけて、書き進めた子どもの作文例です。（まだ、1字下げは学習していませんでした。）書ける子には、どんどん続きを書かせましょう。

【応用編】他の動物写真で実践

表情のある動物の写真は、とてもいい教材になります。機会があるときに、写真に撮っておきましょう。

下の写真で「ペンギンの気もち」という教材を作りました。子どもからは、「お母さんがかぜをひいているから、かなしいなあ。」「だれでもいいから、いっしょにあそんで。」などの文が出ました。

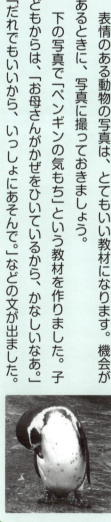

16 ママのへんじ

内容 カギかっこを使って、会話を想像して書く。

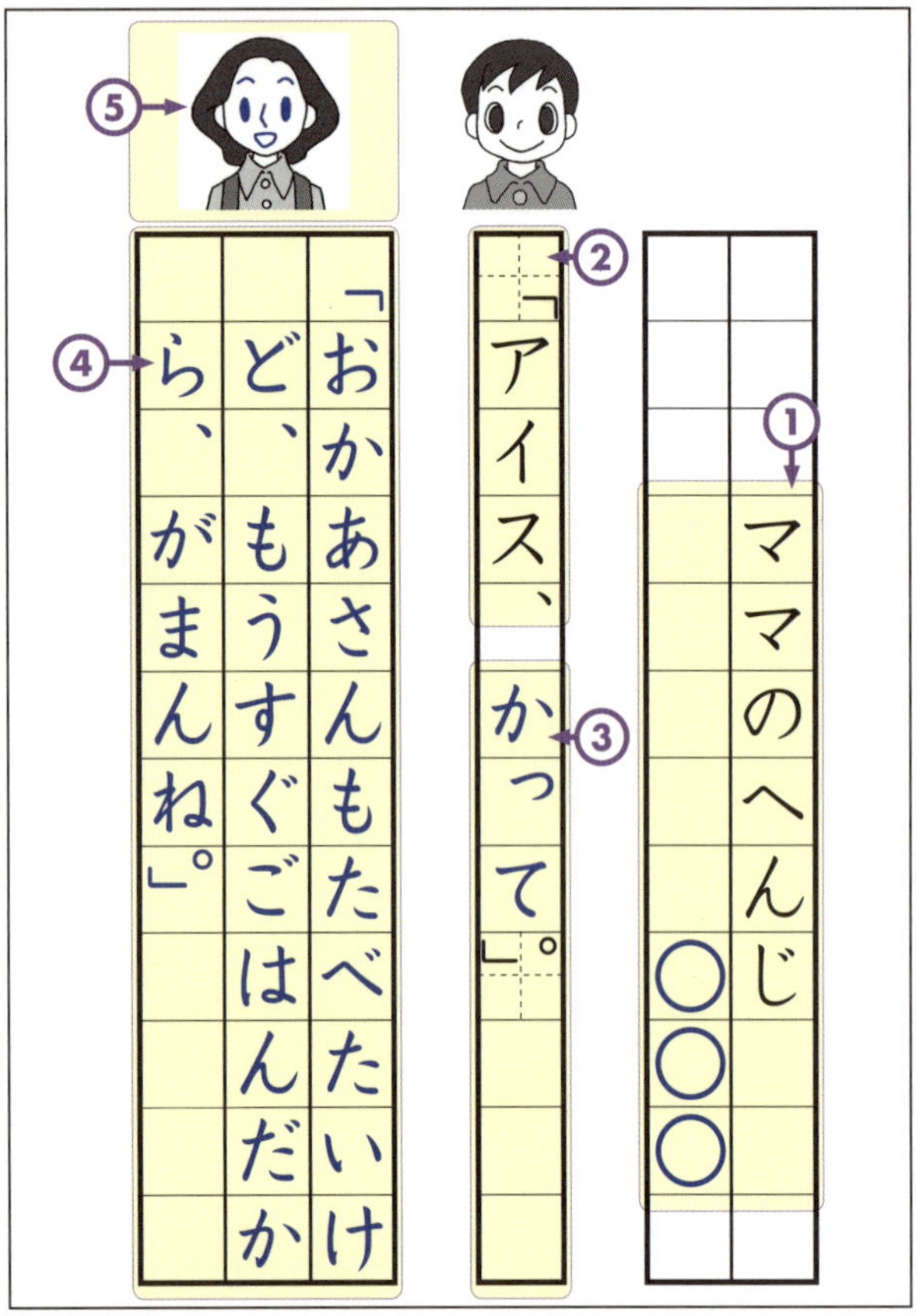

手順

① 題名をなぞります。名前を書きます。

② 指導者がカギかっこの説明をします。カギや言葉をなぞります。

③ 指導者が言った男の子の言葉を書きます。

④ お母さんの言葉を想像して書きます。

⑤ お母さんの顔をかきます。

指導のことば

① 題名をなぞって、2行目に名前を書きます。今回は名前だけです。

② 今日は、男の子のお願いの言葉と、それに対してお母さんが何と返事をするかを、想像して書いてもらいます。

話している言葉は「会話文」といい、作文に書くときには、このような記号を使います。（黒板に、「　」を書く。）

記号をこうすると、何かに似ていませんか。

（「　」を少しずつ崩して、唇のように板書する。答え：唇）

そうです。唇に似ているでしょう。

話をするときは、唇が動きます。話が終わったら、止まります。

（実際に口を動かして、唇に注目させる。）

だから、話す言葉は、この「カギかっこ」で挟みます。

言葉をサンドイッチします。

カギかっこを書く場所も決まっています。

男の子の絵のすぐ下に、カギかっこがあります。

4つのマスのどこにありますか。（答え：右下）

まず、このカギかっこと男の子の言葉「アイス、《てん》」をなぞりましょう。

③ 次に男の子の言葉の続きを言います。下に続けて書いてください。

「かって。」（集中させて、1回で聞き取らせる。）

最後の小さい丸と、カギかっこもなぞります。

④ さあ、お母さんは、男の子の言葉に何と答えたと思いますか。想像して、カギかっこを使って、書いてみましょう。

言葉が長くて、次の行まで書く場合、2行目、3行目の1マス目は空けます。（板書で示すとよい。）

⑤ そのときのお母さんの表情を思い浮かべて、顔をかいてみましょう。

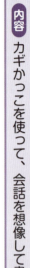

ここをwatch!

実生活に沿った場面で、楽しく会話文の書き方を覚える教材です。

「聞き書き」は、1回で聞き取るように集中させましょう。子どもたちは、よく、「先生、もう1回言って。」と言いますが、それに応えていると、「もう1回聞けば、教えてくれるからいいや。」と自分本位になりがちです。

「チャンスは1回です。」と話し、きちんと書けたら、「チャンスをゲットしましたね！」などと声をかけます。

1回でできた気分のよさを体感させましょう。

お母さんの返事の言葉は、普段、子どもが言われている内容から生まれていると思います。あとで、じっくり読んでみてください。

ポイント

作文を書くとき、会話文の表記がきちんとできることは、大切な基本です。会話文があると、文章がとてもわかりやすくなり、イキイキとします。

「指導のことば」の②で、左のように唇の絵が「　」《カギ》になることを板書して見せると、幼児でもカギかっこが理解できます。

おはよう
⇩
おはよう
⇩
「おはよう」

また、「話した言葉は目立つように、会話文が終わったあと改行する」「下のマス目が空いていても改行する」ことも教えましょう。これも理解できます。

カギかっこを書く位置も、最初にきちんと教えましょう。

バージョンアップ

会話文が早く仕上がった子は、左のように作文用紙に書かせてみましょう。

　ぼくがママに、
「アイス、かって」。
といったら、ママは、
「きょうは、だめ。いえにかえ
ったら、むぎちゃをのみなさ
い」。
といいました。
　ぼくは、……

【応用編】「だっこして」＆父親バージョン

当社発行の年長児用の教材には、お母さんに、「だっこして」というバージョンがあります。子どもは、「もう、年長さんだから、『だっこして』なんて言わないよ。」と言います。

「もしお願いしたら、お母さんは何て言うかな？」と聞くと、「腰が痛いから無理よ。」「今、肩が痛いから、また今度ね。」などが出てきます。普段、母親が言っている言葉が出てきているように感じられ、子どもの日常生活を垣間見ることができます。

また、絵を男の人にして、子どもがお父さんに、「どこか、つれていって」という設定にすることもできます。これも面白い教材になります。

17 リスのおしゃべり

内容 写真を見ながら、会話を想像して書く。

手順

① 名前を書きます。

▼

② 写真のリスの会話を想像して、発表します。

▼

③ 最初の文をなぞったあと、右のリスの言葉を書きます。

▼

④ 左のリスの言葉を書きます。会話を続けます。

▼

⑤ 題名をつけます。

会話文なら、子どももどんどん書けます。

⑤ いっしょにいこう

① ○○○ ○○○

③ 2ひきのリスが、いわのてっぺんにいます。
「ずいぶんたかいところにきたね。」

④ 「ここなら、きっとむこうの山まで見えるよ。」

指導のことば

① 今日は、写真を見て、リスのおしゃべりを想像します。
会話文にして、作文を書いていきます。

題名は、最後に考えて書きます。

2行目に名前を書いてください。

② 薄く書いてある文を読みましょう。（「2ひきのリスが……います。」）
写真を見てください。

リスが、岩のてっぺんにいますね。ちょっと動いたら落ちそうです。

この2匹のリス、おしゃべりしているように見えませんか。

どんなお話をしているのでしょう。

まず、右側のリス、何と言っているか、ちょっと想像して発表してください。

（答え：「ねえ、この場所、ちょっと危なくない？」「何だか落ちそうでこわいわ。」など）

（カギかっこをつけて、間隔をとって板書していく。）

③ たくさん考えが出ました。
では、自分が想像した言葉を、はじめの文をなぞったあとに続けて書いてください。
会話文には、大事な約束がありましたね。何でしたか。（答え：カギかっこをつけること）
もう1つ約束があります。1人の話が終わったら、行を変えてください。では、右側のリスの言葉を書きましょう。

④ 書けた人は、右側のリスの言葉に、左側のリスが何と答えたか、これも想像して書きましょう。
行を変えて、カギかっこを忘れずに書いてください。

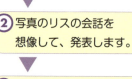

ここをwatch!

子どもは、作文に「何を書くか」を悩むことが多いようです。実は、「会話文」を通して、日記や作文を書く材料が簡単に見つけられるのです。それを子どもたちに、ヒントとして教えておきましょう。

例えば、「お母さんと自分の会話、それに対し自分が思ったこと」「学校の先生とお友達の会話、そのリアクション」などです。

会話文ではじめれば、日記帳1ページは簡単に書けます。

例　よる、おかあさんが、

「はやくおふろにはいっちゃいなさい。」

と言いました。ぼくは、テレビを見ていたので、

「あと、ちょっと。」

と言いました。……

ポイント

このような想像の会話文は、自由に展開できるので、比較的楽に書ける子が多いです。

また、会話文は改行も多いため、通常の作文よりも原稿用紙1枚を書き終わるのが早くなります。「2枚目に入った!」「3枚も書いた!」など、子どもは満足感を得られるようです。

⑤ 書ける人は、おしゃべりをどんどん続けて書いてください。最後です。題名を自分で考えて書きましょう。

バージョンアップ

左は、実際の子どもの作品です。このように時間がある限り、会話は続いていきました。プロポーズの会話になった女の子もいました。このように続きをどんどん書かせましょう。

作文例①

2ひきのリスが、いわのてっぺんにいます。

「ねえ、この上、せまいからおっこちそうよ。あぶないから、下におりない?」

「ふたりで、くっついていればおちないよ。」

「でも、おちたらいたいから、下にいきましょう。」

「いいよ。」

「ねえ、これからおでかけしない?」

「いいけど、どこにいくの?」

作文例②

2ひきのリスが、いわのてっぺんにいます。

「どうしてわたしたち、こんなところにいるの。なんで、のぼったのかしら。」

「ここからのけしきがきれいだから、みせてあげたかったの。きれいでしょ。」

「よそみしてたら、おちちゃうから、きょろきょろできないわ。もう下にいって、あそびましょう。」

「そうね。こうやって立っているの、ちょっとつかれちゃったわ。」

18 ころんだクマの子

内容 接続詞に続けて、作品を書く。

手順

① 題名をなぞります。名前を書きます。

② 文を読み、絵を確認します。

③ 接続詞「けれども」のあとの文を発表します。

④ 指導者が2つのコースの説明をします。

⑤ 接続詞「けれども」のあとの文を書きます。指導者が確認後、選んだコースの学習をさせます。

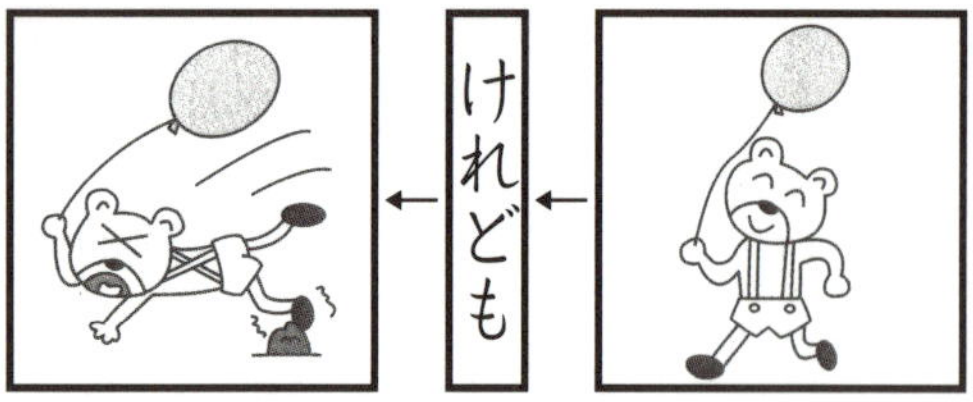

①

ころんだクマの子

○○○ ○○○

⑤

クマの子が、ふうせんをもって、たのしそうに、あるいていました。けれども、石につまずいて、ころんでしまいました。手と足は、いたかったけど、なきませんでした。右手で、ふうせんを、しっかりにぎっていたので、ふうせんはぶじでした。

指導のことば

①② 題名をなぞって、2行目に名前を書いてください。
では、文を読んでみましょう。
今、読んだ文は、右の絵のことですか。左の絵のことですか。
(答え：右)

③ 「けれども」、どうなりましたか。(答え：石につまずいて転んだ。)
(無理なく、子どもから答えが出る。)
「けれども、石につまずいて、ころんでしまいました。」と続きますね。

④ さあ、今日は、これから先、自分でやることを決められます。
先生のお話をしっかり聞いて、決めてください。
まず、「けれども」をなぞってから、続きを書き、先生に見せます。
ここまでは、みんな同じことをします。
その後、次の2つのコースから、自分で選んでください。
コース1、最初の文をなぞる。
コース2、お話の続きをどんどん書く。
どちらを選んでもいいです。(板書しながら説明するとよい。)
コースを選ぶ前に、やること2つ、忘れないでください。わかりましたか。

⑤ では、どうぞ。
(文が書けた子は、指導者のところに持ってくる。指導者は、以下を個別に確認する。
・表記ミスはないか。
・指示をきちんと聞いて、「けれども」をなぞっているか。
確認後、最初から通して音読させ、選んだコースの学習をさせる。)

ここをwatch!

「けれども」に続く文を書いたあと、どちらのコースを選ぶかに、子どもの内面が表れます。子どもの普段の言動と比べてみてください。

ちょっといい加減だけれども、自由な発想がある子。まじめできちんとしているけれども、教えられたこと以外には戸惑う子。パッとなんでも決められる子。どちらにしようか……と長い時間迷う子。いろいろな個性があると思います。

集団で指示に従えないのは困りますが、自分で決めて行動できないのも困ります。

ちょっとした学習の場面で、子どもに選択権を与えるのもよい方法です。

ポイント

子どもたちに何かを説明して、「わかった?」と聞くと、たいていうなずきます。しかし、これは条件反射のようなもので、実際にはわかっていない子が何人かいます。

指導者の説明は「短く」「わかりやすく」はもちろんですが、子どもへ質問し、内容を言わせるのもよいです。

「指導のことば」の④は、「1.『けれども』からなぞり、文を続けること」「2.先生に見せに行くこと」「3.文をなぞるか、続きの文を書くかを決めてやること」と3つの内容があります。子どもは答えられるでしょうか。

3つが出ない場合、「誰も思い出せないの?」と悲しげに言うと、一所懸命に思い出そうとします。そして、次からは「説明をしっかり聞こう」という意識が育ちます。

バージョンアップ

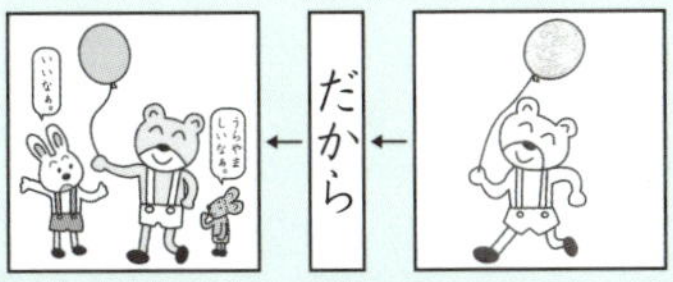

クマの子が、ふうせんをもって、たのしそうに、あるいていました。だから、ねずみやうさぎが、うらやましがって、よってきました。

▲「だから」の例

【応用編】「だから」バージョン

今回は、「けれども」という逆接の接続詞でしたが、他の接続詞の場合、どのような文が続くのでしょうか。接続詞によって、あとに続く文は異なってきます。

上は、「だから」に続けて書いた作文例です。「楽しそうに風船を持っている」ことから予期される結果の文が続きます。

また、教材の左側の絵を入れておかずに、子どもが絵と文の両方をかくようにしてもよいでしょう。どんな絵になるのでしょうか。挑戦してみるのも楽しいです。

19 ありがとう

内容 自分の経験を振り返って書く。

手順

① 題名をなぞります。名前を書きます。

▼

② 指導者が、「ありがとう」と言われた経験を質問します。

▼

③「誰に」「どんなときに」言われたか発表します。メモに書きます。

▼

④ 指導者が、メモから作文を書く方法を説明します。

▼

⑤ 最初の文をなぞり、作文を書きます。

②清書《せいしょ》

①ありがとう

○○○ ○○○

⑤「ありがとう」と、いわれたことがあります。おかあさんに、おてつだいをしたとき、いわれました。そのときは、なんだかうれしくて、にこにこ気ぶんになりました。

わたしも、「ありがとう」は、いろいろな人にいいます。おばあちゃんには、おこづかいをもらったときや、シールをかってもらったときにいいます。

①メモ

いわれたこと ②ある・ない

だれに ③おかあさん

どんなとき おてつだいをしたとき

指導のことば

①② 題名をなぞって、2行目に名前を書いてください。

みんなは、これまでに、「ありがとう」と言われたことが、何度もあると思いますが、どうですか。

「①メモ」の「ある・ない」、どちらかを○で囲んでください。

（もし、「ない」に○をつけた子がいたら、「きっと、あったと思うよ。次のお友達の発表を聞いて、思い出してみよう。」と話す。）

③ 今度は、「誰に言われたのか」「どんなときに言われたのか」を思い出して、発表してもらいます。

（「誰に」を上段、「どんなとき」を下段にして板書する。）

では、自分の作文にする内容を「①メモ」に書いてください。

（発表前に記入させてもよい。1人が複数の意見を出すことも多いため、ここでは発表させてから記入することとした。）

④ さあ、これでメモができました。

メモをつなげて、作文にしていきます。

「『ありがとう』と、いわれたことがあります。」（なぞりの部分を読む。）

「おかあさんに、おてつだいをしたとき、いわれました。」

（板書の「誰に」が「おかあさん」、「どんなとき」が「おてつだいをしたとき」の場合。板書の言葉を指しながら、口頭で作文にする。）

では、みんなも、自分の書いた言葉をつなげて、作文にしてみましょう。（何人か口頭で言わせ、確認する。）

⑤ 最初の文をなぞったら、続けてメモの文を書きましょう。

「誰に」「どんなとき」の順で書きます。

作文を書くコツ

小学校1年生くらいまでは、作文のときに、句点をつけるのを忘れる子がいます。「句点は文の終わりに書く」と教えられても、「文」そのものを理解していないので、さっぱりわからない子もいるようです。

そんなときは、説明するのではなく、「句点発見ゲーム」がお勧めです。

やり方は簡単です。次のような短い日記文を印刷して配布し、素早く句点を見つけさせます。

例　ぼくの　おとうとは、3かげつの赤ちゃんです。いつも、ないたり、おっぱいをのんだり、ねたり、いそがしいよ。きょうは、ひっくりかえっていたよ。ねがえりっていうんだって。じょうずにできたね。あしたは、なにをするのかな。はやくおおきくなってね。

早く見つけた子がいたら褒めて、ゲームを盛り上げましょう。

このくらいの易しい文章から句点を見つける活動は、目が文字を素早く追っていく練習にもなります。

句点を見つけるうちに、「〜です。」「〜よ。」「〜ね。」など、文末の言葉にも自然に触れられるので、文の終わりがわかるようになります。

このような経験を経て、自分が作文を書いたときにも、文の終わりの句点を忘れないようになります。

バージョンアップ

教材は、1文目はなぞり書き、2文目はメモをつなげて書く内容です。余裕があれば、もう少し続けて書いてみましょう。60ページのように、自分の気持ちや、自分がこれまで「ありがとう」を言った人と、その場面での相手の表情・言葉を書いていくと発展します。

また、「ありがとう」だけでなく、「ごめんなさい」でも、同じような形で実践できます。

下の作文のように、「ありがとう」から言葉の素晴らしさを子どもたちが感じてくれることを願います。

ありがとうのてがみ

6歳　男子

きょう、しゅんくんから、おてがみをもらいました。
「いつもあそんでくれてありがとう。」
「ぼくのしらないポケモンをおしえてくれてありがとう。」
「ぼくと手をつないでくれてありがとう。」
　しゅんくんのおてがみは、ありがとうがいっぱいだ。ぼくも、おともだちにいっぱいありがとうをいいたいな。おとうさんやおかあさんや、せんせいにも。だって、すごくうれしいきもちになるよ。
　こんどは、ぼくがありがとうのおてがみをかくから、しゅんくんまっててね。

20 うれしかった ことば

内容 自分の経験を振り返って書く。

手順

① 題名をなぞります。名前を書きます。

▼

② 「嬉しかった言葉」を発表します。

▼

③ メモに、「嬉しかった言葉」を書きます。

▼

④ 書きはじめをなぞり、メモを書き写します。

▼

⑤ 「です。」を書きます。

▼

⑥ 誰に言われたのかなど、続きを書きます。

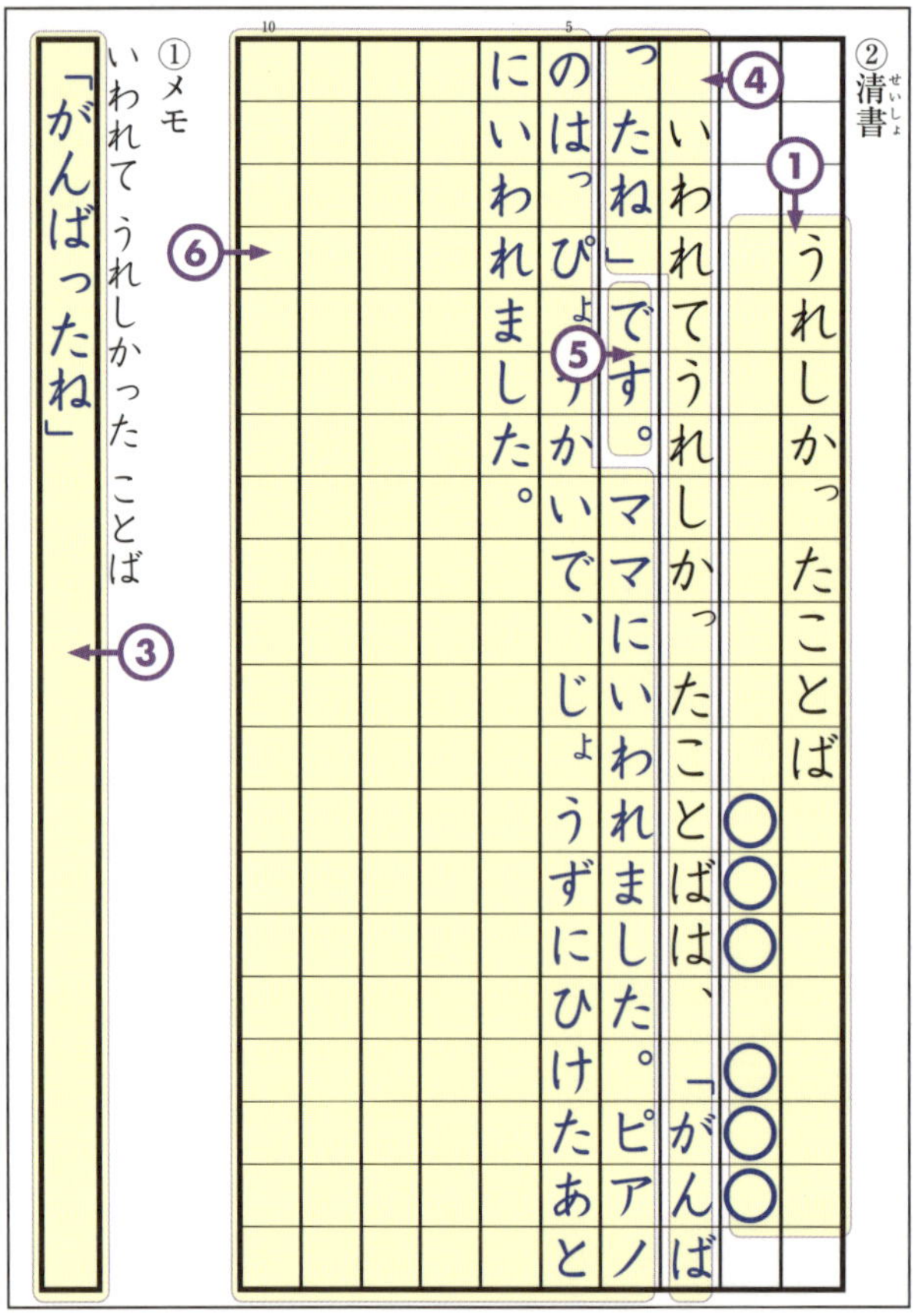
②清書《せいしょ》
うれしかった ことば
○○○ ○○○
いわれてうれしかったことばは、「がんば
ったね」です。ママにいわれました。ピアノ
のはっぴょうかいで、じょうずにひけたあと
にいわれました。
①メモ
いわれて うれしかった ことば
「がんばったね」
①
④
⑤
⑥
③

指導のことば

①② ① 作文の題名をなぞって、名前を書きましょう。

② 今日は、みんなに、誰かに言われて「嬉しかった言葉」を発表してもらいます。

お父さん、お母さん、友達、先生、誰からの言葉でもいいです。その言葉を言われたとき、何だかニコッとするような、「やったー」というような、嬉しい気持ちになった言葉を教えてください。どんな言葉が出てくるかなあ。先生、楽しみです。

（子どもたちを「頑張って、思い出そう」という気持ちにさせる。出てきた言葉を板書する。）

③ では、「①メモ」の「いわれて うれしかった ことば」の四角に、自分が言われて嬉しかった言葉を書いてください。

大事な言葉だから、目立つように、カギかっこ「 」で囲みましょう。

④ 「②清書」の「いわれてうれしかったことばは、」をなぞってから、さっきのメモの四角に書いた言葉を、カギかっこごと書き写しましょう。

⑤ 嬉しかった言葉を書いたら、そのあと、2文字のひらがなを書かないと、文が完成しません。何だか、わかりますか。（答え：「です」と句点）

（全体に質問しても、机間巡視しながら指導者がつぶやいてもよい。どちらにしても、「です。」が書けているか、確認する。）

⑥ 次に、「誰に言われたのか」を続けて書きましょう。「○○にいわれました。」と書くとよいですよ。

（早く終わった子には、「どんなときに言われたのか」を書かせる。）

作文を書くコツ

句点と読点を教えるのも、なかなか難しいことです。次の短い文で、必要性に気づく指導をしてみましょう。

例1　ぼくは、はるには、いちねんせいです。がっこうにいくのが、たのしみです。

〈やり方〉

①例1を板書し、子どもたちに一斉音読させる。

②「あれっ？　どうして、『、』や『。』は読まないのですか？」

（子どもたちは、「これは字じゃないから、読まないんだよ」などと答えます。）

③「読まないなら、書かなくてもいいのではないですか？」

と聞き、子どもたちに句読点を書く理由を考えさせます。

④句読点がない場合（例2）を板書します。

例2　ぼくははるにはいちねんせいですがっこうにいくのがたのしみです

このようなことを通して、句読点がないと読みにくい、意味がわかりにくいことに気づかせます。

作文を書くときには、句点を忘れないこと、そして、歌を歌うときに息を吸うタイミングがあるように、文の短い区切りで読点を打つこと、句読点で息つぎをすることを教えると、子どもたちも、その必要性がわかるようです。

バージョンアップ

口では言わない　1年　男子

「おまえ、ぶたみたいなかおやな。」

これは、ぼくが一年生になってから、ともだちとけんかをしたときに言われたことばです。言われたときの気もちは、すごくはらがたちました。こころの中で、「おまえのほうが、けっこうさるじゃ。」と、おもいました。でも、そのことばを、口では言いませんでした。だって、じぶんが言われたとき、とてもこころにきずがついたから、もし、ぼくが口で言うと、あい手のこころにもきずがつくとおもったからです。

ことばは、たたくみたいに、いたくはないけれど、こころにきずがつきます。たたかれるより、もっといたい気がします。だから、ぼくは口ではひどいことを言わないと、きめているのです。

ことばは、かみさまにもらったたからものです。そのたからもので、人をきずつけないでほしいです。

上の作文は、言われて悲しかった言葉がテーマになっています。自分の思いと向き合っている、とても心に残る文章です。

☆**嬉しかった言葉**
じょうずだね・かわいいね・すごーい・えらい・おめでとう・ありがとう・だいすき・ともだちになろう　など

☆**悲しかった言葉**
だいっきらい・もういっしょにかえらない・バカ・しね・あほ・ださい・よくばり・へんだね　など

▶子どもたち（1年）から聞いた、嬉しかった言葉と悲しかった言葉。

21 いいところさがし

内容 友達のいいところを見つけて書く。

手順

① 作文に書く友達を決め、メモに書きます。

▼

② メモに、友達のいいところを3つ書きます。

▼

③ 清書に、名前を書きます。

▼

④ メモの3つから1つを選んで、詳しく書きます。

▼

⑤ 題名をつけます。

①メモ

なぎさちゃん ←①
のいいところ

おもしろい・やさしい・うんていがじょうず ←②

②清書《せいしょ》

⑤→ おもしろすぎるなぎさちゃん

③→ ○○○ ○○○

④→ なぎさちゃんのいいところは、おもしろいところです。がっこうのおんがくの先生のしきのまねが、とてもおもしろいです。わたしのことばをまねするのが、とてもおもしろいです。

指導のことば

① 今日は、自分のなかよしの友達のいいところを作文に書きます。
お友達の中から1人を選びます。

クラスの友達、近所の友達、お稽古が一緒の友達、誰でも構いません。

その友達の名前を、「①メモ」の最初の四角に書いてください。

② 続けて、2行目の四角に、そのお友達のいいところを短く書いてください。できれば3つ書きましょう。
（書き進まないようなら、例を示す。

「先生のいいところを言ってみて。」などと投げかけ、出てきたことを箇条書きで板書する。）

③ 清書の2行目に、自分の名前を書いてください。
題名は、あとでつけます。

④ 今、3つ書いた中から1つを選んで、もっともっと詳しく書きます。
そのお友達を知らない人が読んでも、わかるように書きます。

例えば、ただ「やさしいです。」と書いても、「どういうときに優しいのか」「どんなふうに優しいのか」がわかりません。

「○○ちゃんのいいところは、優しいところです。私が、1人のとき、一緒に遊ぼうと言ってくれました。落とした消しゴムを拾ってくれました。」

というように、あったことを思い出して書いてみましょう。

⑤ 作文の書き出しは、1マス空けることに注意しましょう。
自分の書いた作文に題名をつけます。

マス目の1行目、上から3マス空けて書きはじめましょう。

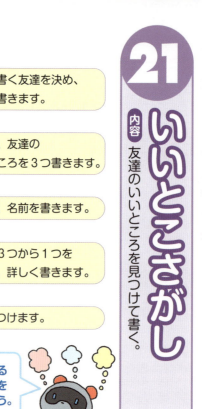

作文を書くコツ

作文を書くとき、テーマが与えられても、「そこからどのように文章にすればいいのか」が、子どもたちはわかりません。つまり、やり方を自分のものにしないと、いつまでたっても、1人で作文は書けないのです。

次のような方法で進めるのも一案です。

1．ピンクとブルーのやや太い付箋をたくさん用意する。

2．作文の題材が決まったら、思い出したことの中から、楽しかったことはピンクの付箋、困ったことや嫌だったことはブルーの付箋に箇条書きする。

例（遠足が題材の場合）

・バスの中　・あさごはん　・おべんとう

・かいだんあるき　・すなはまでのあそび

3．リストの中から、そのときの様子（見たこと・聞いたこと）や、誰かが言った言葉、自分の気持ちなど、細かいことが思い出せるものを3枚選ぶ。

4．選んだ3枚の場面をつなげなくてもいいので、1段落ごとの文章にする。

最初から原稿用紙に書かなくてよいのです。材料が揃えられること、五感を通して記憶がよみがえり、言葉にできることが、作文のスタートです。

「思い出しゲームをします！」と楽しんで思い出したり、誰かに話をしてから書いたりするのも効果的です。

ポイント

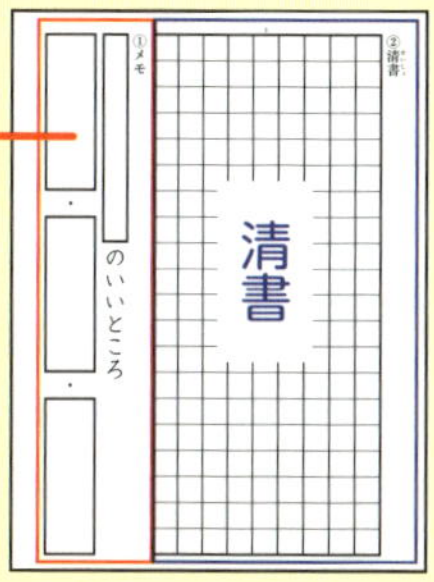

手本と同じように、「①下がき」「①メモ」が左。左を右に書き写す。

「⑫ゆめ」から「㉑いいとこさがし」の教材では、「①下がき」や「①メモ」を左に配置しています。縦書きでは、普通、右から左の順番で進むので、逆になっているともいえます。

「①下がき」や「①メモ」を、「②清書」の左にしているのは、書写でお手本を左に置くのと同じ理由です。子どもが視写しやすいようにしています。（右にお手本を置くと、右利きの子は手に隠れて見づらいのです。）

ここをwatch!

「みんな なかよく」は理想ですが、どうしても気が合わない人がいる場合もあります。子どもにも当然あります。

そんな中で、「どんな人にも、いいところがある」という思いを持つことも、また大切です。

他の人が気づかないような友達のいいところを見つけて、それを書く活動を行うと、友達への思いや友達関係の築き方にも変化が出てくると思います。

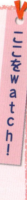

話し合いへつなげよう

子どもの作文を6つ紹介しましょう。東京こども教育センター教室主催の各種作文コンクールで入賞した作品です。

これらの作文は、「どんなふうに作文を書いたらよいか」という参考になると思います。

また、作文を読み聞かせたあと、クラスや親子で話し合ったり、作文にまとめたりする活動につなげることもできます。

例えば、次のような問いに、子どもはどんな意見をもつでしょうか。

作品1　「ありがとう」を言ったとき、相手に伝わるものは何か？

自分なら、作文の最後の1文に何と書くか？

2　外見をからかわれた子の気持ちはどうだったか？

自分が言われたら、どうやって乗り越えるか？

3　頑張ってもできないときは、どうするか？

4　濡れ衣をきせられたら、どうやってはねのけるか？

5　人に頼らない生き方に対するまわりの人の接し方は？

6　きたない言葉は、なぜ出るのか？

言わないためには、どうしたらいいか？

テーマに沿って、子どもが自分の体験を踏まえた意見を言えるとよいでしょう。

作品1

まほうのことば　6歳　女子

「あーちゃん、せんたくばさみとってくれる。」

と、ママがベランダでいいました。わたしはぬりえをしてたから、すこしめんどくさいこえでいいました。

「いくつ。」

「二つおねがいね。」

わたしは、せんめんじょからせんたくばさみをとってきて、ママにわたしました。

「ありがとう。どうもありがとう。」

ママがとてもうれしそうにいいました。そしたらなんだか、すごくくすぐったくなって、こんどは、はしってせんめんじょにいって、もう二つせんたくばさみをもってきました。

「あら、どうもありがとう。」

と、ママはわらって、せんたくばさみを、もうついているのに、シャツにまた、パチッパチッってつけました。ほんとは、もっととってきたかったけど、シャツがせんたくばさみだらけになりそうだから、がまんしました。

「ありがとう。」は、もっとおてつだいしたくなっちゃう、もっとやさしくしたくなっちゃう、まほうのことばだね。

作品2

めがねざる

1年　女子

私は、幼稚園のときから、めがねをかけています。はじめは、めがねをかけるのが、とてもいやでした。だって、みんな友だちはかけていないのに、私だけかけるのは、とてもはずかしかったのです。でも、はじめてメガネをかけてみたら、すごく遠くのものがよく見えるので、びっくりしました。

「あんな所に山がたくさんあったんだ。あの看板のうさぎの顔はかわいかったね。あの遠くの青い屋根には、すてきな風見鶏がついていたんだね。」

今まで見えなかったものが次々見えて、まるでまほうをかけられたみたいです。私は、だんだんめがねが好きになっていきました。

でも、めがねをかけると、わたしの顔はかわります。少しはずかしいし、それが私にとって一番いやで、気にしていることです。学校で、「めがねざる、めがねババー。」と男子たちにいわれた時は、私の心はズキンとなって、目からは涙が出てきてしまいました。やっぱり、めがねをかけると、おさるさんみたいに変な顔なんだ。めがねをかけなければ、めがねざるなんて言われなくてすむのに。心では、また、だんだんめがねがいやな気持ちがいっぱいになってきます。

私は、目を大事に、悪くならないように気をつけているのに、生まれた時から悪いのだそうです。目が悪くて、めがねをかけなければいけないとお医者さんに言われた時も、心がズキンとなって、悲しくてたくさん涙が出ました。

「ママ、めがねをかけない私の顔、おさるにてる?」

「どうしてそんなこと聞くの?裕未、人間は大昔さるでね、だんだん長い間に変わっていって、人間になったのよ。だから、ママだって、ほら、テレビにうつっている人もみんな、よおく見ると、さるに似ているでしょ。だから、おさるに似ているということは変だということじゃないのよ。」

そう言われてみると、みんなさるにどこか似ているような気がしてきました。「めがねをかけなくっても、さるに似ているんだ。めがねをかけるから変な顔になるんじゃないんだ。」

ママと話して、そういうことがわかったら、いままでしずんでいた私の心は、パッと明るくなりました。

私は、めがねをかけたことで、自分の心が悲しくなることを言われる体験をしました。ほんとうに悲しかった。だから、私は、ぜったい人の心を悲しくさせることは言わないようにしたいです。そして、自分の心も人の心も、いつも明るくいられるようにしたいです。

私のめがねは、そういうことを私に教えてくれました。私は、やっぱりめがねが大好きになりました。

作品3

努力のつぼ

1年　女子

「お母さん、努力のつぼのはなし、またして。」

「ウンいいよ。こんどはなあに。」

「さかあがり」

「あらあら、まだいっぱいになっていなかったのね。ずいぶん大きいねえ。」

といいながら、お母さんはいすをひいて、わたしの前にすわりました。そして、もう何回もしてくれた、努力のつぼのはなしを、またゆっくりとはじめました。それはこんなはなしです。


人がなにかをはじめようとか、今までできなかったことをやろうと思ったとき、神様から努力のつぼをもらいます。そのつぼは、いろんな大きさがあって、人によって、ときには大きいのやら小さいのやら、いろいろあります。そのつぼは、その人の目には見えないのです。でも、その人が、つぼの中にいっしょうけんめい「努力」を入れていくと、それが少しずつたまって、いつか「努力」があふれるとき、つぼの大きさがわかる、というのです。だから休まずにつぼの中に努力を入れていけば、いつか、かならずできるときがくるのです。

わたしは、このはなしが大すきです。ようちえんのとき、はじめてお母さんから聞きました。そのときは、よこばしごの練習をしているときでした。それからも、一輪車や鉄棒の前まわり、とびばこ、竹馬。何でもがんばってやっているとき、お母さんにたのんで、このおはなしをしてもらいます。くじけそうになったときでも、このはなしを聞いていると、心の中に大きなつぼが見えてくるような気がします。そして、わたしの「努力」が、もう少しであふれそうに見えるのです。だから、またがんばる気持ちになれます。

お母さんのいうとおり、こんどのさかあがりのつぼは、ずいぶん大きいみたいです。さかあがりをはじめてから、もう二回もこのはなしを、してもらいました。でも、こんどこそ、あと少しで、あふれそうな気がします。だから、あしたからまた、がんばろうと思います。お母さんは、「つぼが大きいと、とてもたいへんだけど、中身がいっぱいあるから、あなたのためになるよ。」といってくれるけど、こんど神様にもらうときは、もう少し小さいつぼがいいなぁと思います。

作品4

何も言えなかった　ぼく

2年　男子

この前の月曜日のことです。昼の休み時間に、先生が、十二人の男の子をよびました。ぼくも、その中に入っていたので。べつのへやに行きました。すると、かなしいことが、おこったのです。

「○○君を、いじめたか。」

と、先生が聞くのです。その子も、

「何人かにいじめられた。」

と言うのです。よばれた子は、先生から順番に聞かれました。いやなかんじで、ぼくの番にきました。

「○○君の言っていることは本当か。」

と聞かれたけど、ぼくは、わかりませんでした。なぜって、おぼえがなかったからです。どういうことかと考えていたら、大きな声がとんできました。前の子たちがおこられていたように、ぼくもおこられるんだろうか？先生は、つくえを「ドン」と、たたくかもしれない。頭に、〝ゴツン〟とするだろうか？どうしよう？何を、どういうふうに言えばいいのだろうと考えてしまいました。

「ううん。」

とぼくは言いました。しかし先生は、しんじてくれては、いないようです。いつものニコニコ顔の先生とは、ちがうのです。ぼくは、だんだんかなしくなってきました。

「した、な。」

と、先生はまた聞きました。ぼくは、わからないけれど、おこられるのは、いやだと思いました。○○君が言っているんだから、そうだったのかなあ……。そして、

「うん。」

と言ってしまいました。

家に帰って、お母さんに話をすると、こわい顔になって、ぼくをせめるのです。どうして、お母さんに、そんなにきつく言われるのか？わるいことをしていないのに、まるでダブルパンチです。くやしくて、なみだが出てきました。「そんなことがあったの。つらかったね。」と、お母さんは、言ってくれると思っていました。それなのに、どうしてぼくは、こんなにいやな思いばかりさせられるんだろう。そう思うと、どんどんなみだが出てきて、止まらなくなりました。お母さんは、泣いているぼくに、おこったわけを話してくれました。

してもいないことを、したとみとめることは、ぼくもうそをついたことになる、と言うのです。『強い子なら、先生にも、友だちにも、自分の意見をはっきり言うことができる。』と、教えてくれました。

ぼくは、先生が、いやだな、と思っていました。うそをついた友だちにも、とてもおこっていました。けれど、よく考えてみたら、一番はらが立つのは、『何も言えなかった、ぼく』だったと思いました。

作品5

気になるおばあちゃん

2年　女子

近くのスーパーで、きものをきた、腰のまがったおばあちゃんに出会います。レジでは、たくさんの荷物をかかえ上げて、台にのせます。レジの人は、わたしたちと同じあつかいしかしません。その日は、気にしないでお家に帰りました。

何日かたって、近くのスーパーで、また、あの腰がまがったおばあさんに、レジで会いました。今度、お店の人は、どうするのか見ていました。また、わたしたちと同じように、かごの中に、ふくろを入れました。とてもふしぎに思いました。

わたしが一人でおつかいに行った時、お店の人は、ふくろにわざわざ入れてくれて、「だいじょうぶですか。」と声をかけてくれました。

おばあちゃんは、大変な体なのに、どうしてお店の人は、手つだってあげないのだろうか。あまりにもおもそうなので、とてもかわいそうな気もちになりました。どうしたらいいのだろうと、こまっていると、お母さんが、

「りせちゃん、声をかけてあげたら。」

と言いました。

わたしは、すぐに声をかける勇気がなくて、心の中がモヤモヤ、モヤモヤしていました。それを見たお母さんは、おばあちゃんに走ってかけよりました。

「手つだいましょうか。」

というと、おばあちゃんは、

「けっこうです。」

と、しずかにかえって行かれました。

そうだ、お店の人が手つだわないのには、なにかりゆうがあるのかもしれないと思いました。

きのう、車で二十分ほどのところにあるスーパーで、また、おばあちゃんに会いました。近くに家族はいません。お休みの日で、人ばかりです。一人で、ショッピングカートを引かず、かいものかごを右手でゆかにつけて、ひきずりながら、おかいものをしていました。おばあちゃんは、人にめいわくをかけずに生きたいのかな。だから、いつもレジの人は何も手だすけせず、見まもってあげているんだということがわかりました。お母さんは、「あんなにおばあちゃんになったら、一人ではおかいものできないよ。えらいなあ。」と言っていました。

わたしは、ことわられてもいいから、勇気をふりしぼって、「手つだいましょうか。」と声をかけてあげればよかったと、こうかいしています。おばあちゃんに学んだことは、「なんでも、自分のできることは人の力をかりないでやる。」ということです。まるで、おばあちゃんが学校の先生のようでした。

また、おばあちゃんに会ったら、ぜったい言います。「何か、手つだいましょうか。」とかんしゃの気もちをこめます。

作品6

ことば

2年　女子

さいきん、わたしは、おこられてばかりいます。それは、わたしが、ついきたないことばを使ってしまうからです。

学校でおともだちとあそんでいると、まわりにいる高学年の人たちが、口げんかをしていました。「うるせーんだよ。」「ふざけんなよ。」男の子も女の子も、同じようなことばづかいで、とてもびっくりしました。でも、「ちょっとかっこいいな。」と思いました。

家で宿題をしていると、妹があそんでほしいのか、べたべたくっついてきました。大きなこえで言ってみました。

「うるせーんだよ。」

妹はびっくりして、そばにこなくなりました。このことばには、すごい力があるなと思いました。お兄ちゃんや妹に、何回もつかうようになりました。

お母さんがいるときに、つい妹に、「うるせーんだよ。ふざけんなよ。」と言ってしまいました。お母さんはとてもこわい顔で、「きたないことばをつかってはいけません。きたないことばをつかうと、心もきたなくなってしまうのよ。ガサガサのまっくろの心の子は、まわりの人をかなしくさせてしまうの。」と言いました。ちょっと言ってしまっただけなのに、そんなにおこらなくてもいいのにと思いました。

すごいいりょくのあるきたないことばは、つい口にでてしまいます。そのたびに、お母さんにおこられます。そして、おばあちゃんにもしかられました。

「眞由ちゃんは、きたないことばを、妹やおともだちどうしのときだけにつかって、おとなの人にはつかわないからいいと思っているでしょ。でも、ふだんが大切なのよ。眞由ちゃんが、がんばりやさんのいい子でも、きたないことばをつかっているのをきいただけで、そんな子なんだと思われてしまうの。そして、だいじな時にこそ、ふだんのことばやクセがでてしまうのよ。」

わたしがおこられてばかりいるのは、それだけむいしきに、きたないことばをつかっていたのだと気づきました。お母さんやおばあちゃんは、わたしのことを思って、何回も何回もちゅういしてくれていたんだとわかりました。お母さんとおばあちゃんに、「ありがとう」という気もちで、むねがいっぱいになりました。これからは、きたないことばは、つかわないようにします。そして、正しいうつくしい日本のことばを、勉強していこうと思います。

自分の身のまわりで起こった出来事をしっかり受けとめ、考えたことによって生まれた作文には、その子の人間性が表れています。また、そこには、家族の存在、まわりから発せられた言葉が、大きくかかわっているように思います。

おわりに

長い間、幼児から小学校低学年の子どもたちの作文コンクールを主催し、たくさんの作品を読んできました。

何度読んでも涙が出てしまう作文、場面が目に浮かび、大笑いしてしまう作文、そして「どういう環境で育つと、こんな哲学的な作文が6歳で書けるの？」と思ってしまうような作文など、実に多種多様です。

作文というのは、その子の生活や内面が、必ず何かの形で出てくるものだと感じます。

コンクールに寄せられる作品の中には、マイナス材料がない作文がたくさんあります。つまり、一定の量がしっかり書けていて、誤字脱字もなし。清書したのか、字形は整っていて、段落構成も適切。内容もわかりやすく、減点される部分は全くない作品です。しかし、意外に、そのような整った作品は、印象に残らない場合が多いのです。

一方、技術的には未熟な部分が多いけれども、何年たっても心に残る作品もあります。例えば、次の作文です。（原文のまま）

わたしのおかあさんのいちにち

1年　女子

わたしのかぞくは、10さいのおねえちゃんと1さいのいもうとそしておかあさんの4にんです。おかあさんはあさ6じにおきます。そしてみんなにおむすびをにぎってくれます。みんながたべているあいだによるほしておいたいもうとのおしめをたたんで8じになるといもうとをほいくえんにつれていってからしごとをしにかいしゃにいきます。しごとは、こうこうのしょくどうでかれいらいすをつくっています。そこからかえるとすうぱあで2じかんはたらきます。だからかえってくるのは6じです。いもうとをつれてかえるときかいものをしてきます。ごはんを7じにみんなにたべさせてくれます。

せんたっきをいつもまわしています。それからみんないっしょにふろにいれてくれます。がんばりやのおかあさんですがわたしはしっています。おかあさんはとってもよわむしです。いつもわたしたちがねたあとで、ぶつだんにてをあわせてなんぷんもすわってないているところをなんかいもみました。おねえちゃんもみたそうです。おかあさんはときどきおとうさんになったりおねえさんになったりしてみんなをまもってくれてありがとう。おかあさんがおかあちゃんだけでいれたらもっといいのにね。まっていてね、おねえちゃんといもうとと3にんできっとおかあさんだいじにしてあげたいです。いま、おねえちゃんとわたしはおてつだいをしています。そして10えんづつちょきんをおかあさんにないしょでためています。おねえちゃんは435えんでわたしは365えんたまりました。おかあさんのたんじょうびが10がつなのでりぼんのついているかみどめをかってぷれぜんとしてびっくりさせたいです。びっくりしてまたいつものようになくとおもいます。てれびをみていてもなきます。ほんをよんでいてもなきます。げらげらわらっているのにないています。へんなおかあさんだけどなんだかとってもすきです。わたしはおかあさんのこどもでよかったとおもいます。

この作品は、第3回朝日全国小学生低学年作品コンクール（平成4年実施）で銀賞を受賞しました。冬のコンクールでしたので、1年生とはいえ、全文ひらがなの作文は珍しかったです。1年生で学習する漢字もいくつかありますし、カタカナ表記にすべき言葉もあります。また、読点が全くないため、かなり読みにくく、他にも言い回しのおかしな部分があります。

以上のようなマイナス部分がありながら、この作文は心を打つのです。それは、お母さんに対する熱い思いや、家族の互いへの思いやりなどが、文章全体に溢れているからだと思います。

心を込めた文章というのは、技術を超えてしまうと感じました。

平成29年実施の「第6回ＳＡＥきらら作品コンクール」にも、心がこもった作品が寄せられました。

ありがとうの気持ち

1年　女子

わたしには、ありがとうのこころが、かぞく一人一人にこめられているとおもいます。おそらにいっちゃったママには、四年かんそだててくれてありがとう。パパには、たのしいことさせてくれてありがとう。おとうとのはるとには、いつもあそんでくれてありがとう。じいじとばあばには、かわいがってくれてありがとうです。これからもずっと、ありがとうの気もちを、もっていたいです。

短い作文ではありますが、家族一人ひとりに対する「ありがとう」の思いが、溢れんばかりにつまっています。この作文も、決して達者な文ではありませんが、自分の思いを伝えるという点では、間違いなく金賞です。

「頑張って覚えた文字を、子どもたちは何に使うのか」と考えたとき、学習のためにだけ使うとするのは、何だか寂しい気がします。

最後に、次の「つぶやき」を読んでみてください。4歳の女の子とお母さんの会話です。お母さんが書きました。

お手紙

娘が一人静かに遊んでいます。そっと覗いてみると、ニヤニヤしながら、

娘「こっちにきたらだめ。」

と言うので、わたしは台所にいました。三十分後

娘「はい、お手紙ですよ。」

と。手紙の内容は、「ままえ、いろいろありがとうごづゃいます」

もう嬉しくて、かわいくて、思わず抱きしめてしまいました。字が書けるようになり、初めてのお手紙です。私の日記帳に大切に貼って残します。

母「こちらこそありがとう」

覚えたての文字を思い出しながら、30分もかけて書いた手紙。熱い思いがあればこそのなせるわざです。

シングルエイジの子どもたちには、まず、このような「人に伝えたい」という思いが育ってほしいと思います。自分の考えや思いが人に伝わる楽しさを、作文を通して感じてほしいです。

最後に、本書の解説を書いてくださいました板倉弘幸先生に感謝いたします。執筆の機会をいただきました学芸みらい社の小島直人社長、編集担当の青木こずえ様にもお礼を申し上げます。

やさいのなかま

いちばんすきなやさい

「あ」のつくことば

あのつくことば

かんがえた

あのつくことば

いろ

はる
なつ
あき
ふゆ

おこりんぼ
がんばりや
なきむし
しんせつ

すきないろ

からだたんけん

まゆ
あご
ひじ
つめ
ほっぺた
みみたぶ

からだたんけん

雨となかよし

雨となかよし
みつけたよ

雨って

あかちゃんのっ

なまえの中から
３もじえらんで　かきました

□・□・□

それぞれのもじに
あかちゃんのっを　つけたあと
いろんなことばが　できました

小さなもじ

小さなもじは　よまないけれど
とってもだいじ　わすれずに
まえのもじに　くっついて
ますめの右上
小さく　しっかり　かくんだよ
いくつかけるか　ちょうせんだ

小さいけれど

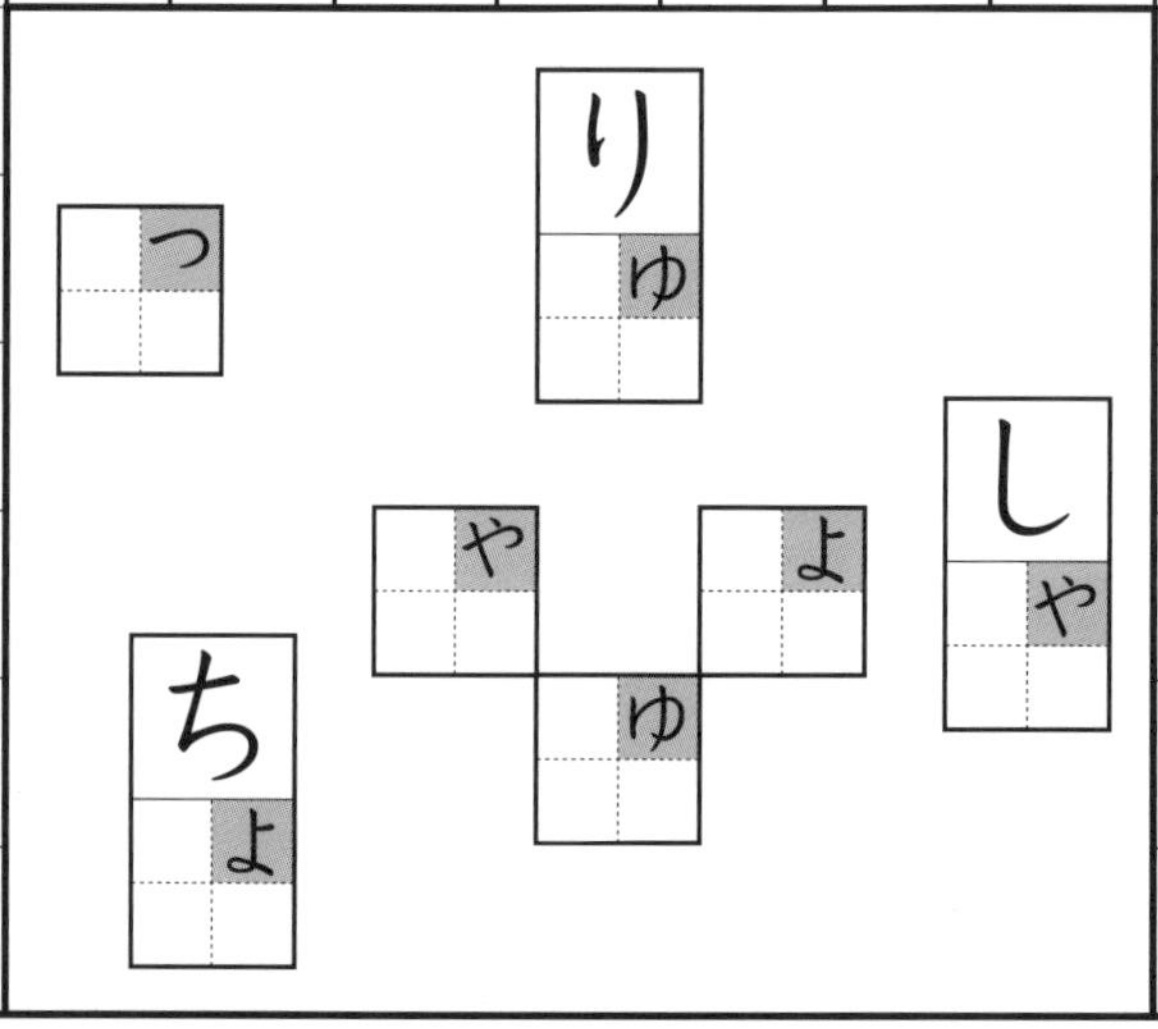

ぽん・ほん・ぼん

えんぴつ
えんぴつ
えんぴつ

かんじでかいたら
みんなおなじ本なのに
よむとき　へんしん

おでかけ

しゅうごうばしょは

しゅうごうじこくは

あさ□じ

リュックに

を

しっかりつめて

めざして

しゅっぱつだ

いっしょにいくのは

はる

はっぱは
はなは
ちょうちょは
そらは
こうえん　はしって
はなばたけ
はるは

ん	わ	ら	や	ま	は	な	た	さ	か	あ
	い	り	い	み	ひ	に	ち	し	き	い
	う	る	ゆ	む	ふ	ぬ	つ	す	く	う
	え	れ	え	め	へ	ね	て	せ	け	え
	を	ろ	よ	も	ほ	の	と	そ	こ	お

ゆきのやま

　まに　　わらか

　きが　ふる

　るの　あいだに

　きげしょう

まっしろな　ま

みていたら

② 清書《せいしょ》

ゆめ

① 下がき

＿＿＿＿の ゆめ は、

＿＿＿＿＿＿＿＿です。

② 清書《せいしょ》

まいあさすること

① 下がき

（　　）が、まいあさすることは、

（　　）と、（　　）です。

カラスの気もち

つくえの□に、□□□が□こ、あります。それを、□のえだにとまった□□□が、じっと見ています。カラスは、

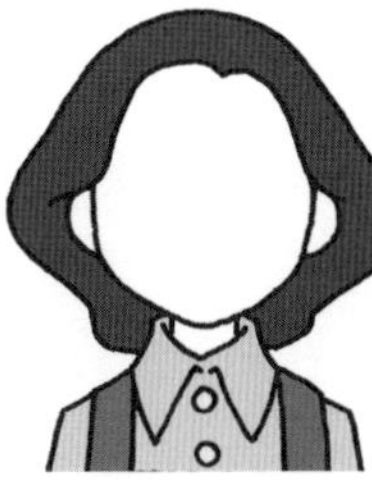

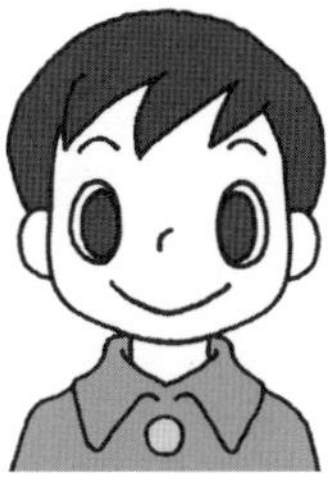

ママのへんじ

「アイス、」。

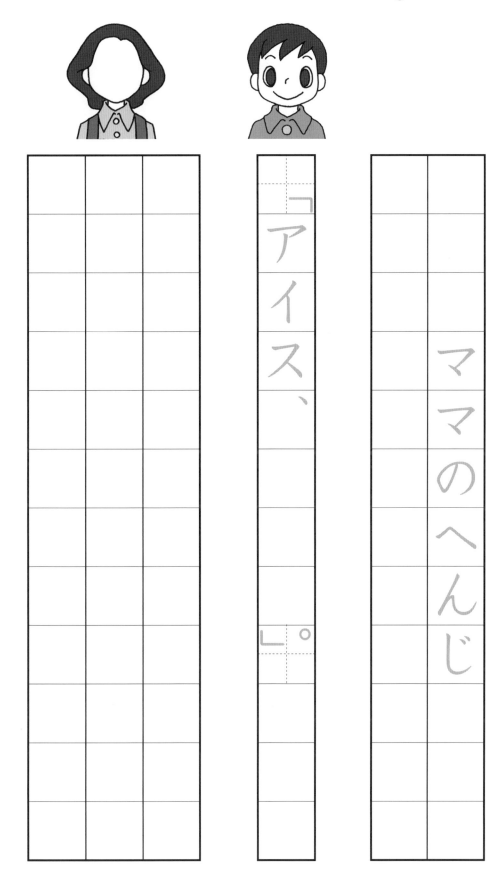

2ひきのリスが、いわのてっぺんにいます。

「

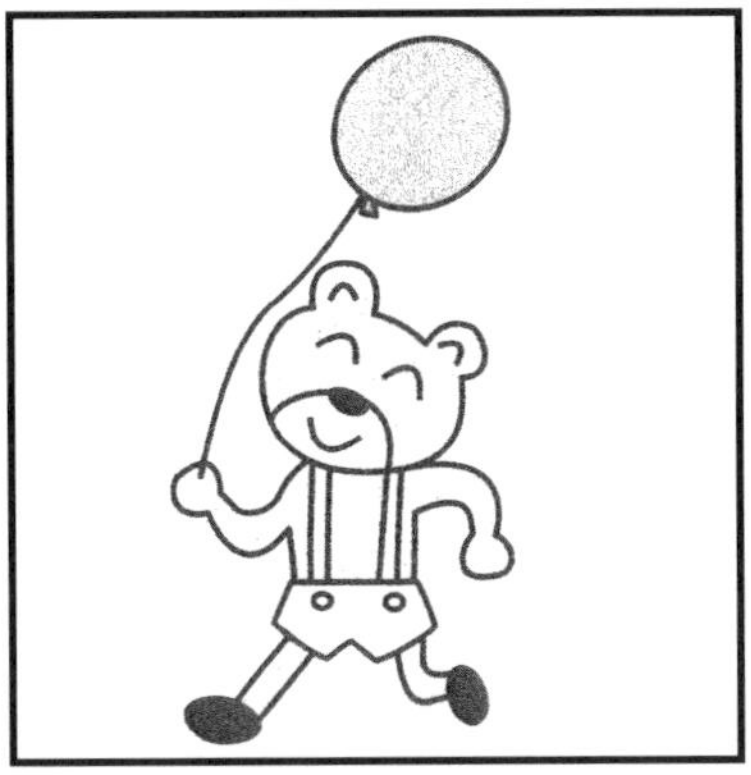

← けれども ←

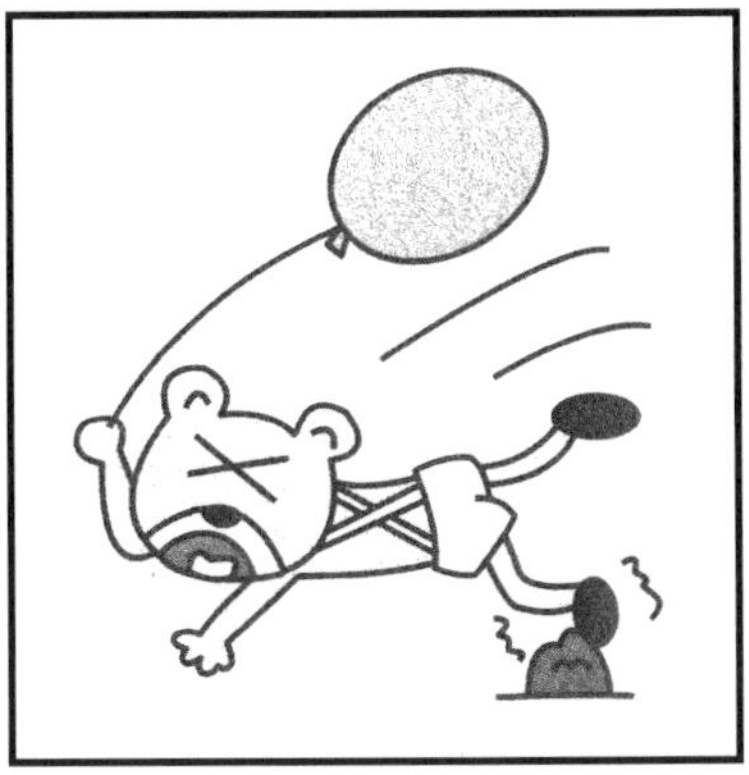

ころんだクマの子

クマの子が、ふうせんをもって、たのしそうに、あるいていました。けれども、

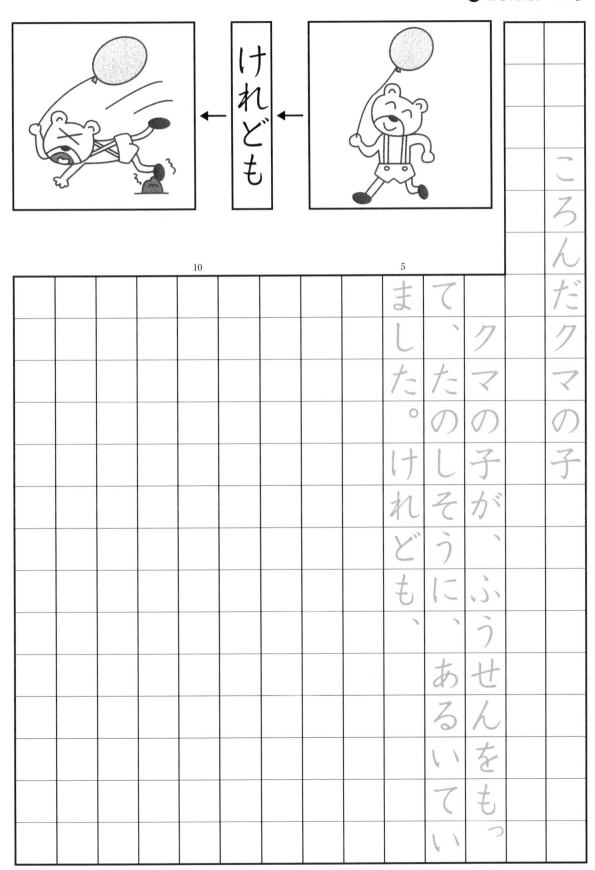

②清書《せいしょ》

ありがとう

「ありがとう」と、いわれたことがありま

す。

①メモ

いわれたこと

ある・ない

・だれに

・どんなとき

②清書《せいしょ》

うれしかったことば

いわれてうれしかったことばは、

①メモ

いわれて うれしかった ことば

②清書《せいしょ》

5

①メモ

のいいところ

・

・

原稿用紙

[著者]

水野美保(みずの・みほ)

東京こども教育センター教室代表。シングルエイジ教育研究会（ＳＡＥ）会長。
1976年、上智大学文学部卒業。以前より興味のあった「幼児と書き」の実践と研究のため、父・水野茂一氏が主宰する東京こども教育センター教室に参画。実践を通して、「にこにこ絵日記」「らくらく日記用紙」「もじカードセット」など、オリジナル教材を作成するかたわら、幼稚園・保育園等で研修、講演活動を行う。
著書に、「お母さんの通信簿」（アドア出版）、「㊙幼児日記書きの極意」「ひみつの玉手箱」（以上　東京こども教育センター教室）など。

東京こども教育センター教室ホームページ　　http://www.tkkc.com
当社ホームページにある「10秒の泣き笑い」というコーナーには、幼児の「つぶやき」が多数掲載されています。これを読むことで、幼児のものの見方、感じ方、考え方が見えてきます。（ＱＲコードからもご覧ください。）

5歳からはじめる
自己表現力をのばす　「単語」作文トレーニング

GAKUGEI MIRAISHA

2018年7月31日　初版発行

著　者　水野美保
発行者　小島直人
発行所　株式会社 学芸みらい社
〒162-0833 東京都新宿区箪笥町31番 箪笥町SKビル3F
電話番号：03-5227-1266
HP　：http://www.gakugeimirai.jp/
E-mail　：info@gakugeimirai.jp

編集協力　青木こずえ
デザイン　小宮山裕
イラスト　豆画屋亀吉

印刷・製本　藤原印刷株式会社

ISBN978-4-908637-81-0 C3037